上海师范大学应用文科计划项目

上海市软科学重点课题《绿色金融科技助力“五大新城”高质量发展的测度与提升潜力研究》(项目号 21692107800) 支持

绿色金融
影响企业投资方向的情况报告

孙红梅　等著

上海财经大学出版社

项目组成员

组　长：	孙红梅	上海师范大学商学院	教　授
副组长：	武英涛	上海师范大学商学院	副教授
成　员：	段　慧	上海师范大学商学院	研究生
	姚书淇	上海师范大学商学院	研究生
	张桂芝	上海师范大学商学院	研究生
	雷喻捷	上海财经大学会计学院	研究生
	荣嘉欣	上海师范大学商学院	研究生
	葛钰杰	上海能源交易所股份有限公司	职　员
	桂旭东	东莞证券股份有限公司上海分公司	职　员

目　录

摘要 …… I

1　国际上绿色金融发展的历史与现状 …… 1

1.1　美国 …… 1

1.1.1　历史过程 …… 1

1.1.2　现状 …… 5

1.1.3　未来发展 …… 7

1.2　英国 …… 7

1.2.1　绿色投资集团 …… 7

1.2.2　开发和投资 …… 8

1.2.3　为客户供电 …… 10

1.2.4　绿色咨询服务 …… 11

1.2.5　绿色影响概述 …… 11

1.3　日本 …… 13

1.3.1　三菱日联金融集团 …… 13

1.3.2　MUFG 方针政策 …… 14

1.3.3　ESG 数据 …… 17

1.4　典型国家的特征比较 …… 21

1.4.1　美国 …… 21

1.4.2 英国 …… 22
1.4.3 日本 …… 22
1.5 经验借鉴 …… 23

2 我国绿色金融发展现状与特征分析 …… 26
2.1 我国绿色金融发展现状 …… 26
2.1.1 绿色金融政策及发展历程 …… 26
2.1.2 绿色信贷 …… 27
2.1.3 绿色债券 …… 32
2.1.4 绿色基金 …… 36
2.1.5 碳金融 …… 40
2.2 我国绿色金融特征分析 …… 42
2.2.1 绿色金融政策环境不断优化 …… 42
2.2.2 绿色金融总量持续扩张 …… 43
2.2.3 商业银行不断重视绿色金融发展 …… 44
2.2.4 区域发展不均衡 …… 45
2.2.5 绿色金融主体之间信息沟通不畅 …… 45

3 绿色金融影响资金流向的情况 …… 47
3.1 按行业分类的资金流向情况 …… 47
3.1.1 总体情况 …… 47
3.1.2 农、林、牧、渔业 …… 51
3.1.3 制造业,采矿业,电力、热力、燃气及水生产和供应业 …… 52
3.1.4 建筑业和房地产业 …… 55
3.1.5 交通运输、仓储和邮政业 …… 57
3.2 按区域分类的资金流向情况 …… 58

3.2.1 总体情况 …… 58
3.2.2 北京、广东、苏浙沪地区 …… 63
3.2.3 东北三省 …… 67
3.2.3 西部地区 …… 69
3.3 资金流向总结 …… 72

4 绿色金融对企业投资影响的对比分析 …… 73
4.1 绿色财税政策的现状 …… 74
4.2 绿色信贷政策的现状与存在的问题 …… 77
4.3 企业绿色投资的现状与存在的问题 …… 80
4.4 实证设计 …… 81
4.4.1 假设的提出 …… 81
4.4.2 变量的选择 …… 83
4.4.3 样本的选择与数据来源 …… 85
4.4.4 回归模型的构建 …… 86
4.5 实证分析 …… 86
4.5.1 描述性统计分析 …… 86
4.5.2 变量的相关性分析 …… 87
4.5.3 回归分析结果 …… 89
4.5.4 稳健性检验 …… 92
4.6 对比分析结论 …… 95

5 企业投资中环境信息披露情况分析 …… 98
5.1 实证设计 …… 100
5.1.1 样本选择 …… 100
5.1.2 数据来源 …… 100

5.1.3 变量选择 …… 100
5.1.4 模型构建 …… 104
5.2 实证分析 …… 105
5.2.1 描述性统计 …… 105
5.2.2 相关性分析 …… 108
5.2.3 结果分析 …… 110
5.3 稳健性检验 …… 112
5.5 结论 …… 115

6 影响环境规制与环保支出关系的情况 …… 116
6.1 假设的提出 …… 119
6.1.1 环境规制影响企业环保支出的路径 …… 119
6.1.2 融资约束对环境规制影响环保支出的调节机理 …… 120
6.2 模型设计 …… 123
6.2.1 非平衡面板数据模型 …… 123
6.2.2 调节变量和调节效应 …… 124
6.2.3 样本选取与数据来源 …… 125
6.2.4 变量设定 …… 126
6.3 数据处理及分析 …… 130
6.3.1 描述性统计分析 …… 130
6.3.2 变量相关性检验 …… 133
6.4 模型运行结果分析 …… 135
6.4.1 模型检验 …… 135
6.4.2 实证分析 …… 138
6.4.3 融资约束的调节作用 …… 138
6.4.4 稳健性检验 …… 143

6.5 总结与建议 …… 146

7 绿色金融政策影响企业绿色并购投资的情况 …… 149
7.1 理论分析与假说提出 …… 149
7.1.1 绿色政策对绿色并购的影响 …… 149
7.1.2 不同污染程度的主并企业在绿色并购中的行为差异 …… 152
7.1.3 不同产权性质的主并企业在绿色并购中的行为差异 …… 152
7.1.4 绿色政策影响下企业绿色并购的动机 …… 153
7.2 研究设计 …… 155
7.2.1 数据来源与样本选取 …… 155
7.2.2 变量选取与度量 …… 156
7.2.3 模型构建 …… 158
7.3 实证检验 …… 160
7.3.1 描述性检验 …… 160
7.3.2 分组差异分析 …… 161
7.3.3 回归分析 …… 162
7.4 稳健性检验 …… 172
7.4.1 模糊断点回归检验 …… 172
7.4.2 替换变量检验 …… 173
7.5 进一步研究 …… 174
7.5.1 企业成长性 …… 174
7.5.2 高管的学术经历 …… 175
7.5.3 地区市场化进程 …… 176
7.6 结论与建议 …… 178

8　绿色金融对地区绿色发展的影响情况——以长三角为例 …………………… 181
8.1　影响绿色发展的理论与方式 …………………………………………………… 181
8.2　指标选取 ………………………………………………………………………… 183
8.2.1　绿色金融的指标选取 ………………………………………………………… 183
8.2.2　长三角地区绿色发展的指标构建 …………………………………………… 184
8.3　长三角地区绿色发展的现状与绿色金融的影响情况 ………………………… 186
8.4　实证设计 ………………………………………………………………………… 188
8.4.1　数据来源 ……………………………………………………………………… 188
8.4.2　变量设置 ……………………………………………………………………… 189
8.5　实证分析 ………………………………………………………………………… 189
8.5.1　长三角地区绿色金融和绿色发展指标情况 ………………………………… 189
8.5.2　综合分析 ……………………………………………………………………… 192
8.5.3　实证过程 ……………………………………………………………………… 193
8.6　稳健性检验 ……………………………………………………………………… 197
8.6.1　分地区检验 …………………………………………………………………… 197
8.7　结论与建议 ……………………………………………………………………… 198

参考文献 ………………………………………………………………………………… 200

摘 要

通过分析国际上美国、英国和日本等主要绿色金融开展国家的绿色金融发展现状与可借鉴经验，对比分析我国绿色金融的发展情况；在此基础上，对我国绿色金融影响企业投资流向的情况进行不同行业、不同区域和总体情况的分析报告；同时实证对比研究绿色金融与绿色财政分别对企业投资方向的影响力度，并对绿色金融的进一步发展提出相关建议。为了更深入分析绿色金融对企业的影响情况，进一步探索研究企业环境信息披露与企业绩效的关系、融资约束影响下环境规制与企业环保投入的关系，从而为绿色金融的投资角度提出建议。拓展分析并购资金的流向问题，实证分析绿色金融影响企业并购的情况。以长三角地区为例进一步分析绿色金融影响区域绿色发展的情况，提出影响绿色金融资金流向的可行性建议。

关键词：绿色金融；投资方向；环境规制；环保支出；绿色并购

1 国际上绿色金融发展的历史与现状

本章主要对美国、英国和日本三个国家绿色金融的发展情况进行梳理与经验总结。

1.1 美国

1.1.1 历史过程

欧美国家是世界上最早开始发展绿色金融业务的国家，美国更是首当其冲。目前，美国已经发展成一套完善的绿色金融体系和法律法规。

(1)爱河事件

爱河事件(Love Canal Tragedy)在美国绿色金融发展史上具有里程碑意义。

爱河是美国纽约州北部的一个居民区。在此地的胡克(Hooker)化学厂成立于1909年，靠生产氢氧化钠和氯发家，对生产所在地造成了严重的污染。1942—1953年，胡克化学厂在该区倾倒各种化学废物。据统计，共有21 000吨化学废物掩埋在爱河，而处理方式只是覆盖表土再种植植物。之后，当地的教育董事会以象征性的1美元价格从胡克化学厂买入这块地皮，并在此修建住宅区和学校。1976年，污染物流出地表，新生儿畸形率不断攀升，孕妇流产率是其他地区的3倍以上，居民患癌率也居全美首位，这引起美国高层的注意。1978年卡特总统宣布爱河进入紧急状态，迁出居民，关闭学校，并为此建立名为“The Hazardous Substance Response Trust Fund”的基金。由于数额庞大，该基金又被称为“超级基金”，专用于治理因环境污染造成的社会问题。

(2)赤道原则

随着越来越多的金融机构关注因环境污染造成的金融风险，关注的焦点逐渐由规避风险转为管理风险。世界银行(The World Bank)和国际金融公司(IFC)开始制定政策、组织研讨会，旨在转变金融机构的业务程序制度。2002 年，在 IFC 组织研讨会后，与会代表都积极支持构建一个统一的关于环境、社会的框架平台，赤道原则(Equator Principles，EPS)应运而生。2003 年，花旗集团、荷兰银行、巴克莱银行等金融机构参与制定赤道原则。该原则适用于总投资 1 000 万美元以上的新项目融资、可能对环境和社会产生重大影响的旧项目扩容和更新现有设备的项目融资、项目融资财务咨询服务三类。

(3)花旗集团

作为赤道原则制定方之一的花旗集团(Citigroup Inc)于 1812 年成立，距今已有 209 年的历史。作为世界上历史最悠久的金融机构之一，花旗集团对绿色金融业务的执行也走在全球前列。花旗集团首席执行官 Michael L. Corbat 曾说：“我们的健康、我们的经济成功和我们的环境密不可分，这就是为什么尽管面临当前的挑战，我们仍必须继续努力，在全世界推动积极的环境和社会影响。”

表 1　　花旗集团发展绿色金融业务的历史进程

时　间	事　件
1997 年	参加联合国环境融资倡议
2000 年	发布第一份全球公民报告
2003 年	与众多世界知名金融机构创建赤道原则、环境和社会风险管理(ESRM)政策
2007 年	成为美国第一家公布人权状况的银行、第一家设定温室气体减排目标的银行，制定了为期 10 年的 500 亿美元气候倡议
2010 年	加入联合国全球契约
2014 年	制定了《绿色债券原则》
2015 年	制定了可持续发展战略和 1 000 亿美元的环境融资目标
2016 年	启动第三代环境目标足迹项目

续表

时 间	事 件
2017年	宣布到2020年100%使用可再生能源的目标
2018年	发布第一份气候风险披露TCFD报告
2019年	发行10亿美元绿色债券,签署《波塞冬原则》
2020年	启动《2025年可持续发展战略》,发行15亿美元绿色债券

资料来源:花旗集团官网,https://www.citigroup.com/citi/.

2003年,花旗集团制定了ESRM政策,ESRM政策源于同年创立的赤道原则,是一种应用于银行的信贷风险管理框架,用于确定、评估和管理项目融资和基础设施项目的环境和社会风险。在ESRM政策中,花旗集团禁止为一些项目提供相关的金融服务(见表2),制定了融资高度注意区域(见表3),此外,对于特定的行业制定了详细的行业标准(见表4)。

表2　　ESRM政策规定禁止提供金融服务的项目

序 号	项 目
1	修建新热能煤矿或现有煤矿的快速扩张
2	新建燃煤电厂或扩建现有电厂
3	北极圈油气勘探、开发和生产
4	对教科文组织所列世界遗产产生负面影响的项目
5	生产或运输集束弹药
6	利用海底废物处理的采矿项目

资料来源:花旗集团官网。

表3　　ESRM政策表明高度注意区域

序 号	领 域
1	重要栖息地、具有高度保护价值和重要文化遗产价值的地区
2	冲突风险极高的地区
3	人权风险上升的地区
4	本土居民居住区
5	将导致大规模移民地区
6	具有高度保护价值和重要文化遗产价值的地区

资料来源:花旗集团官网。

表 4　　ESRM 政策规定行业标准的领域

序　号	领　域
1	煤炭开采
2	燃煤发电
3	商业枪支
4	林业
5	军事装备
6	核电
7	油和气
8	棕榈油

资料来源：花旗集团官网。

花旗集团遵循“请勿伤害”的预防原则，注意到一些需要高度关注的领域。花旗集团参照美国法律、《联合国企业与人权指导原则》以及针对新兴市场的国际金融公司绩效标准，由 ESRM 部门具有相关专业知识的合格独立顾问对项目进行全面的风险评估，以评估风险是否可以得到适当管理，再确认是否可采取相应措施降低对这些领域的影响后，才会开展金融服务。

花旗集团认为许多重要领域需要通过制定特定的行业标准或指南得到更多关注。为解决该问题，ESRM 政策规定了特定行业标准，并在环境与社会政策框架中对此进行更详细的描述。

2015 年，花旗集团承诺为环境融资活动提供 1 000 亿美元资金，以减少气候变化的影响。由于全球市场中环境融资活动的增加，花旗集团已在 2019 年第二季度达到 1 000 亿美元的目标，在 2019 年末总计达到 1 640 亿美元。

2017 年，花旗集团首席执行官签署了一份声明——支持气候相关财务信息披露工作组（TCFD）。2018 年，花旗集团发布首份气候风险披露 TCFD 报告，在 TCFD 报告中披露了花旗集团在治理、战略、风险管理以及指标和目标四方面的具体实施情况。

2019 年，花旗集团发行 10 亿美元绿色债券，且与航运业中的其他银行和组织合作制定并共同签署了《波塞冬原则》(Poseidon Principles)。该原则针对贷方、出租人和财务担保人的框架，旨在将气候因素纳入国际航运客户的贷款决策中，以帮助该行业达到国际海事组织的目标要求。根据《波塞冬原则》所做出的承诺，花旗集团将每年测量和披露运输产品组合的碳强度。

在20多年发展绿色金融业务的过程中，花旗集团已经形成一套独具特色的环境、社会与治理方法，共包括五方面的内容：

第一，实施一种为社会增加价值的商业模式。花旗集团的业务规模意味着其能够通过产品和服务对市场产生重大影响。商业活动需要金融创新以满足客户的需求，并应对一些社会挑战，为完成这一使命，花旗集团不仅要抓住所带来的机遇，更要了解融资决策和自身运营中固有的风险。

第二，商业伦理和企业责任。商业伦理和企业责任是整个金融服务业成功的关键，也是花旗集团所有活动的基础。花旗集团非常重视理解、改进该内容，并将其充分融入所做的每一件事。

第三，在重要问题上采取立场并制定解决方案。花旗集团在具有广泛影响的问题上采取立场，如气候变化、薪酬公平、移民、种族平等和美国的枪支暴力等问题，并针对与员工、客户、投资者相关的问题发表声明，说明立场。

第四，透明报告和交流改进。为最大程度地满足利益相关者的期望，特别是随着披露范围和速度的不断发展，既需要交流正在做什么，也需要了解还能做些什么。花旗集团致力于不断改进报告工作和与利益相关者接触的方式。

第五，通过战略型慈善促进创新。花旗集团和花旗基金会支持各种慈善事业，并尽可能与客户建立伙伴关系。通过花旗集团在世界各地的业务，为具有社会责任感的企业提供慈善捐助。

1.1.2 现状

花旗银行是2020年全球绿色、社会和可持续发展债券的最大承销商之一。这些交易为花旗集团的客户筹集超过78亿美元的资金，以实现其环境、社会总体可持续发展目标。花旗集团将绿色债券的收益用于可再生能源、可持续交通、水质与保护、能源效率和绿色建筑等项目。2019 年花旗集团从事绿色金融业务活动对环境和社会的影响，如表 5 所示。

表 5　　2019 年花旗集团绿色金融业务现状

类　型	影　响
环境	是《波塞冬原则》的创始签署人之一，《波塞冬原则》是一个全球框架，重点评估和披露金融机构航运投资组合的绿色属性
	任命新的首席可持续发展官，将可持续发展和 ESG 整合到花旗集团业务的各个方面
	2014—2019 年，提供 1 640 亿美元用于环境融资活动
社会	花旗基金会投资 1.94 亿美元，通过全球社会责任项目“进步之路”计划解决青年失业问题
	花旗集团投资 1.5 亿美元，投向具有社会使命的初创型公司
	2009—2019 年，全球金融包容性贷款达 10 亿美元
	与海外私人投资公司和福特基金会为规模化企业提供 1 亿美元担保贷款，以当地货币向扩大新兴市场低收入地区产品和服务渠道的公司提供早期融资
	为美国经济适用房项目提供 60 亿美元贷款

资料来源：花旗集团官网。

花旗集团与联合国及其他国际金融机构在 2019 年共同创立了全球可持续发展投资者(GISD)联盟。该联盟承诺将为实现联合国可持续发展目标(SDGs)做出更多努力，为此花旗集团在 2019 年为多家环境、社会友好型企业提供融资，例如，Fulcrum Bio Energy 公司通过废物处理和提炼设施将城市固体废物转化为低碳、可再生运输燃料，包括喷气燃料和柴油。该公司正在从当地的垃圾填埋场转移大量垃圾，这其中许多垃圾填埋场已超负荷使用，通过转移的做法可将温室气体排放量减少 100%以上。再如，Pad Split 公司总部位于亚特兰大，旨在为低收入人群提供安全、清洁和可负担的住房。Pad Split 通过将居民住宅中未充分利用的房间出租，提高业主的盈利能力以激励更多业主参与其中。通过降低租金负担，Pad Split 租户能够节省更多收入，并努力实现财务独立。

1.1.3 未来发展

气候危机是21世纪全球经济面临的最严峻挑战之一。世界气候科学家一致认为有必须采取紧急行动解决气候变化的当前和潜在影响,金融部门通过支持低碳企业发展,在应对这场危机中可以发挥重要作用。花旗集团在2020年推出《2025年可持续发展战略》,期望成为推动向低碳经济过渡的世界领先银行,通过树立新的五年2 500亿美元环境融资目标,以加速向低碳经济过渡。基于ESRM政策及气候风险分析方面的经验,进一步测试花旗贷款组合对气候变化自然风险的抵御能力,开始在1.5℃和2℃变暖情景下衡量投资组合对气候的影响。这些分析将有助于加深花旗集团对客户面临的气候风险的了解,全方位探索多行业向低碳经济过渡的有效途径。

花旗集团分析、降低与客户相关的气候风险的方法包括三个活动领域。一是政策制定:将气候风险进一步整合到花旗集团的风险政策和治理框架中,逐步更新ESRM政策和针对碳密集型行业的具体标准。二是投资组合分析和衡量:利用投资组合的气候情景分析和压力测试来了解客户项目气候变化表现出的不同影响,评估和测试新的方法,量化与客户活动相关的气候风险,估计与投资组合相关的碳排放且评估投资组合的脱碳途径。三是积极参与:与客户就其自身的气候风险管理和低碳过渡战略进行互动;与监管机构合作,制定新的气候风险监管指南;并积极参与制定利益相关者协议,分享经验教训。

1.2 英国

1.2.1 绿色投资集团

绿色投资集团(GIG)致力于加速绿色转型,专注于开发和投资新的绿色基础设施,为客户提供绿色电力和其他可再生能源产品,并提供绿色咨询服务。GIG的前身是2012年成立的英国绿色投资银行(UK Green Investment Bank),2017年被麦格理集团(Macquarie Group)收购,成为麦格理集团对绿色能源项目进行主要投资的子公司。被收购之后，GIG 的业务范围和规模不断扩大，现已成为麦格理集团发展可持续融资业务的重要组成部分。

GIG 的主要业务活动包括三方面：

一是开发和投资：开发和投资可再生能源项目，提供资金，降低低碳能源成本。

二是为客户供电：通过提供新的绿色能源满足企业及个人能源需求，帮助企业实现可持续发展目标。

三是绿色咨询服务：为企业和政府机构提供绿色咨询服务，加速企业转型进度。

1.2.2 开发和投资

2019 年 9 月—2020 年 8 月，GIG 承诺或安排用于支持绿色能源项目的资金达 29 亿英镑，在开发建设中的项目有 250 多个。2020 年上半年，可再生能源投资较 2019 年同期增长 5%，海上风电融资项目取得有史以来最好业绩，2020 年上半年业绩超过 2019 年全年业绩。

表 6　　2019 年 9 月—2020 年 8 月 GIG 集团绿色投资项目效果

项　目	年度投资效果	迄今为止所有投资效果	示例项目
减少温室气体排放	37 112ktCO_2e（相当于 50 万辆汽车尾气排放量）	198 241 ktCO_2e（相当于 250 万辆汽车尾气排放量）	中国台湾“福尔摩沙 2 号”18 740 ktCO_2e（相当于 24 万辆汽车尾气排放量）
可再生能源发电	93 889GWh（相当于满足 100 万户家庭的用电需求）	568 243GWh（相当于满足 580 万户家庭的用电需求）	挪威布海伊 7 000GWh（相当于满足 1.8 万户家庭的用电需求）
减少垃圾	10 178kt（相当于减少 35 万户家庭产生的垃圾）	115 843kt（相当于减少 490 万户家庭产生的垃圾）	英国纽赫斯特 10 178kt（相当于减少 35 万户家庭产生的垃圾）

资料来源：绿色投资集团官网，https://www.greeninvestmentgroup.com/en.html.

2019 年 9 月—2020 年 8 月，GIG 投资了众多可再生能源技术：从波兰和北欧的陆上风电项目、英国和美国的太阳能项目，到英国的废弃物项目、中国台湾和韩国的海上风电项目。GIG 还在继续探索尖端技术，如电池存储、海上漂浮风、氢和碳捕获与储存。随着中国台湾“福尔摩沙 1 号”海上风电场的落成、英国“东安格利亚 1 号”陆上风电场的投产，GIG 所投资的项目取得了重大成果。GIG 致力于在项目的整个生命周期内进行投资。例如，GIG 与全球能源领导者 Total 合作，在韩国提供 2.3GW 的海上浮式风力发电项目；与 RIDG 开发集团合作，参与下一轮苏格兰海上风电开发项目；与英国的 Enso 能源公司合作，开发首个英国最大的 1GW 免补贴太阳能和电池项目。

2019 年 9—11 月 GIG 集团具体投资项目，如图 1 所示。

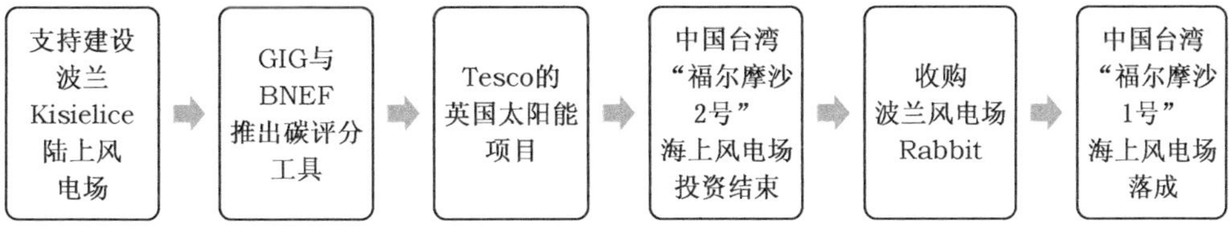

资料来源：绿色投资集团官网。

图 1　2019 年 9—11 月 GIG 绿色投资活动

2019 年 10 月，GIG 宣布支持 Tesco 在英国的太阳能安装项目，这使其在英国拥有太阳能光伏系统，而 Tesco 将根据协议为太阳能光伏系统产生的电力支付商定的价格。中国台湾海上风电项目加速推进，2019 年 10 月，中国台湾首个商业性质的海上风电场“福尔摩沙 1 号”正式投入运营，这是台湾地区海上风电市场的一个重要里程碑。

2019 年 12 月—2020 年 4 月 GIG 集团投资项目，如图 2 所示。

Savion 是 GIG 旗下子公司，2020 年 Savion 收购 Allian 能源公司在美国威斯康星州的两个太阳能项目。这两个项目将生产充足的能源，为美国约 5.5 万户家庭供电，为美国公司提供可靠且低成本的可再生能源。GIG 与英国气候投资公司

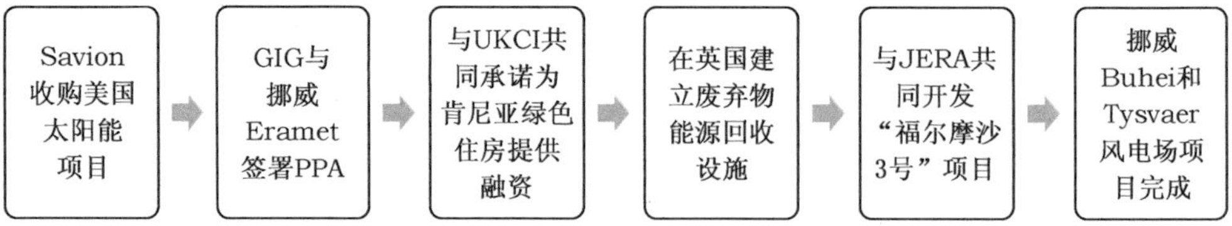

资料来源:绿色投资集团官网。

图 2　2019 年 12 月—2020 年 4 月 GIG 绿色投资活动

(UKCI)共同承诺为肯尼亚经济适用绿色住房建设提供融资。该项目的目标是在肯尼亚首都内罗毕(Nairobi)提供 10 000 套节能、节水型住宅。2020 年 2 月,GIG 与英国卡万塔公司在英国莱斯特郡建立了一个最先进的废弃物能源回收设施。该设施每年将处理 35 万吨不可回收废弃物,处理 200 万吨残余废弃物。GIG 与 JERA 合作开发“福尔摩沙 3 号”项目。这一项目将提供高达 2.5GW 的可再生能源,相当于 200 万中国台湾地区家庭所需电力。挪威 Buheii 和 Tysvaer 项目的开发已经完成,GIG 将这一项目与瑞典的 Hornamossen 风电场一起作为投资组合进行再融资。通过整合这些项目,GIG 能够在债务融资方面获得更有利的条件,有效降低项目的资本成本。

1.2.3　为客户供电

GIG 通过开发的风电项目与众多跨国公司签署购电协议(Power Purchase Agreement,PPA)。根据彭博新能源财经(BloombergNEF,BNEF)的数据,众多跨国公司在 2019 年与 GIG 签订购电协议,购买 GIG 的清洁能源。2019 年,23 个不同国家的 100 多家公司与 GIG 签订了共计 19.5GW 的清洁能源合同。此外,GIG 在美国和北欧的 PPA 市场也持续走强。由于风能和太阳能是现在市场上最便宜的新一代发电形式,再加上企业脱碳承诺的增长趋势,全球购电协议市场将继续快速增长。

1.2.4 绿色咨询服务

2019 年 10 月，GIG 与 BNEF 合作，通过将 GIG 开发的碳评分方法与 BNEF 的可再生能源项目数据相结合，创建工具，可以简单直观评估项目所产生的碳效益，投资者可以快速地审查和比较全球各地的项目。GIG 还与经济合作与发展组织（OECD）、绿色气候基金（Green Climate Fund）和亚洲开发银行（Asian Development Bank Institute）等多边组织合作，为越南、菲律宾、中国、巴基斯坦、加纳和智利等多个国家提供绿色咨询服务。此外，GIG 还支持旗下非营利机构洛基山研究所开发新的绿色银行平台。

1.2.5 绿色影响概述①

自 GIG 成立以来，每年都会在绿色影响报告中报告投资项目的绿色影响。GIG 在 2020 年对所投资项目增加报告透明度，根据 GIG 自主设定的五项目标（见图 3），对每个投资项目进行定性评估（见表 7）。

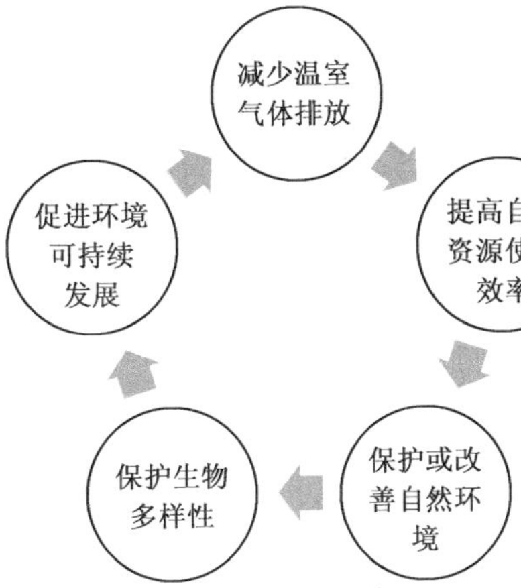

资料来源：绿色投资集团官网。

图 3 GIG 的五项目标

① 本部分所述绿色影响报告期为 2019 年 4 月 1 日—2020 年 3 月 31 日。

表 7　　GIG 投资项目对其设定的五项目标在报告期内的完成情况

	减少温室气体排放	提高自然资源使用效率	保护或改善自然环境	保护生物多样性	促进环境可持续发展
AAA	2	2	0	0	0
AA	6	3	0	0	1
A	6	7	0	0	14
B	1	3	1	0	0
C	0	0	14	10	0
D	0	0	0	5	0
E	0	0	0	0	0

注：由 AAA 到 E 为对项目的评估等级由高到低。

资料来源：绿色投资集团官网。

为减少温室气体排放被评估为“AAA”等级的项目有 2 个，为提高自然资源使用效率被评估为“AAA”等级的项目有 2 个。根据报告期情况，GIG 预计在下一年所有投资项目都将提高资源使用效率，获得更高评级的项目更大程度地减少自然资源消耗，评价这一绿色目标的指标包括可再生能源发电量（GWh）、减少能源消耗量（GWh）和增加的可回收材料量（kt）。

为保护或改善自然环境被评估为“B”等级的项目有 1 个，GIG 预计在下一年大多数投资项目不会对当地自然环境产生重大不利影响，评价这一绿色目标的指标是减少垃圾填埋量（kt）。

为保护生物多样性被评估为“C”等级的项目有 10 个，GIG 预计在下一年所有投资项目将直接或间接有利于保护生物多样性。随着英国等发达国家采用生物多样性净收益原则，预计未来 GIG 投资项目对这一绿色目标将会做出更大贡献。GIG 投资项目对生物多样性的不利影响已得到最大限度的缓解，每个项目规划的残余影响都被专家评估为是可以接受的，在采取缓解和补偿措施后，预计大多数投资项目会对生物多样性造成轻微不利影响，但有些项目将产生中度不利影响，如海上风电项目施工或电缆铺设期间海洋哺乳动物的生存环境会受到干扰。

促进环境可持续发展被评估为“AA”等级的项目有 1 个，GIG 的所有项目都将会直接或间接为促进环境可持续发展做出积极贡献，尤其是中国台湾“福尔摩沙 1 号”海上风电项目，因其节能效应对促进环境可持续发展做出的贡献尤其显著。

1.3 日本

1.3.1 三菱日联金融集团

2004 年 8 月日本联合金融控股集团（UFJ，日本第四大金融集团）与三菱东京金融集团（MTFG）宣布合并组成三菱日联金融集团（MUFG），并于 2005 年 10 月 1 日正式成立。MUFG 以解决环境、社会问题为目标，设立“可持续环境和社会是 MUFG 持续成长的大前提”的宗旨，希望帮助客户和自身实现可持续发展。2019 年，MUFG 被评为“世界信赖的全球金融集团”。同年，作为首次设定可持续融资长期目标的日本金融机构，MUFG 在环境和社会两方面加大投资力度。

MUFG 解决环境和社会问题的首要措施是在“可持续性委员会”审议之后，审议内容在董事会及股东大会上进行讨论和报告。为了对投资项目的调研更具专业性，MUFG 从 2019 年开始招聘环境、社会领域的专业顾问，从专业角度向可持续性委员会、董事会成员提出建议。在环境方面，MUFG 致力于对生产可再生能源企业融资，发行、销售绿色债券等；在社会领域，积极主动帮扶初创型企业，为其提供贷款，期望帮助更多人解决就业问题。MUFG 在环境、社会领域的措施，见表 8。

MUFG 设定的目标是：在 2019—2030 年累计提供 20 兆日元资金，为符合可持续发展目标的企业提供融资。2019 年实现融资数额为 3.7 兆日元。2020 年由于新型冠状病毒在全球肆虐，MUFG 制订规章制度，将其利润的一定比例用于捐赠、支援医疗卫生事业，通过此制度在从 2020 年 4 月开始的半年内，MUFG 累计实现对医疗卫生事业总额为 29 亿日元的捐赠。

MUFG 对环境、社会政策制度的不断修订体现了其对环境和社会的关怀，2019 年在修订中明确指出不对新成立的煤炭火力发电站融资，2020 年在修订中表明不对新成立的石油和煤气项目融资，之后会定期修订规章制度，且对已投资项目进行重新评估。

表 8　　MUFG 在环境、社会领域的措施

环境、社会课题	涉及 SDGs 目标	MUFG 措施
多个领域相关的课题	17 项均涉及	MUFG 为客户面临的各种环境和社会问题提供解决方案
对初创型企业融资并创造就业机会	SDGs 第 8 项：促进持久、包容、可持续的经济增长，实现充分生产性就业，确保人人有体面的工作	MUFG 通过向初创型企业提供资金，协助其快速成长，以提供更多的就业机会
社会基础设施建设和城市建设	SDGs 第 9 项：建设有风险抵御能力的基础设施、促进包容的可持续工业，并推动创新 SDGs 第 11 项：建设包容、安全、有风险抵御能力和可持续的城市及人类住区	MUFG 针对国内外老化基础设施的更新换代和以发展中国家为中心的社会基础设施，通过项目融资满足其建设需求
生育率低、老龄化	SDGs 第 3 项：确保健康的生活方式、促进各年龄段人群的福祉 SDGs 第 4 项：确保包容、公平的优质教育，促进全民享有终身学习机会	MUFG 针对国内生育率低、老龄化问题，对面向老年顾客的商品提供融资
金融革新	SDGs 第 8 项：促进持久、包容、可持续的经济增长，实现充分和生产性就业，确保人人有体面的工作 SDGs 第 9 项：建设有风险抵御能力的基础设施、促进包容的可持续工业，并推动创新	通过提供先进的金融服务，为改善金融服务做出贡献

资料来源：三菱日联金融集团官网，https://www.mufg.jp/csr/index.html.

1.3.2　MUFG 方针政策

1. 环境领域

(1)环境方针

MUFG 于 2019 年 6 月出资环境能源株式会社投资专门针对环境和能源领域

的风险基金“EEI4 号”。该基金对准环境和能源领域，以与 SDGs 相关领域具有革新性商业模式、技术的企业为投资对象，通过在投资评价过程中加入 ESG 和 SDGs 基准，对可持续发展做出贡献的企业给予资金支持，以最大程度解决环境、社会问题。除此之外，MUFG 为实现可持续增长，正致力于解决气候变化等环境问题，特别是积极致力于与太阳能、风能等可再生能源项目相关的融资。MUFG 认识到以保护地球环境、应对气候变化为首的环境课题是人类共同的责任和义务，制定并公布了“MUFG 环境方针”。MUFG 在投资中，以新项目对环境和社会造成的影响作为投资判断的原则之一；在测算投资项目对环境造成的影响时，以未来碳价格和 CO_2 削减量为估算依据。通过这种方法，以可视化数据评估新项目对环境和社会造成的影响。此外，MUFG 对环保类企业大力支持，设置能源使用合理化支援贷款（通称能源合贷款）项目，在对环保类企业引进节能设备的借款利率中，最长可以领取以 1%为利率上限的利息补给金 10 年。

（2）可再生能源项目

根据彭博新能源金融机构融资行排行榜，在与可再生能源项目相关的融资中，MUFG 自 2014 年起融资额呈现不断上升趋势，2019 年其对可再生能源项目融资额达 3 453 百万美元，位居全球金融机构对可再生能源项目融资第二位，仅次于西班牙国际银行有限公司（见图 4）。

2. 社会领域

（1）应对新冠疫情

MUFG 增加了总额为 1 500 亿日元的融资额度，除了以往致力于绿色领域（绿色建筑、可再生能源等）和社会领域（保健、教育、创造、雇佣、公共住宅等）的融资外，还增加了应对新冠病毒的融资，帮助中小企业从疫情中尽快恢复。MUFG 于 2020 年 9 月在世界上首次发行了主旨为应对新型冠状病毒面向个人的可持续性债券。

（2）新型产业成长支持计划

MUFG 对传统信贷难以判断优劣的新项目也积极支持。“新型产业成长支持

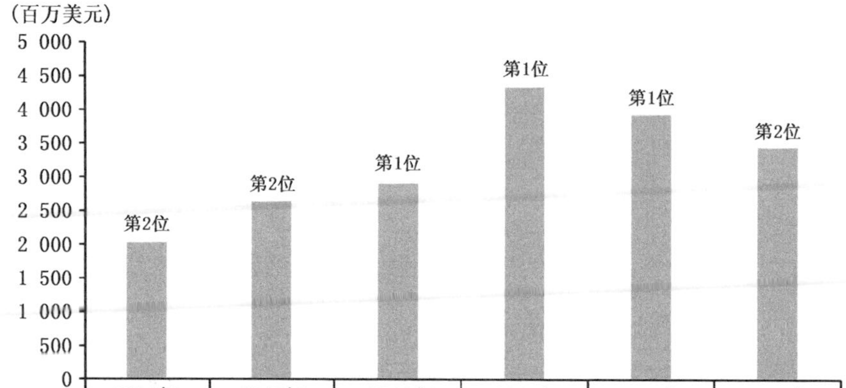

	2014年	2015年	2016年	2017年	2018年	2019年
融资额	2 031	2 639	2 911	4 343	3 941	3 453

资料来源:彭博新能源金融机构融资行排行榜。

图4　2014—2019年MUFG可再生能源融资额及排名

计划”就是针对这类新项目而设定的融资计划,MUFG对这类项目:一方面,可以期待其高增长性;另一方面,对于未来前景不确定的项目,审查部门可通过与客户沟通、实地参观企业等举措,合理评估企业运营风险,降低自身风险。

(3)Business Link 商谈会

MUFG以支持客户扩大自身规模为目的,定期举办大规模商谈会——Business Link。在2019年12月举办的第16届商谈会上,各参会企业进行约3 700次商谈。2019年MUFG还创新性地设置了以各集团热门议题解决方案为主题的“MUFG舞台”,吸引全球各地的投资商到日本投资。

(4)Trade Club Alliance 全球商业机会

MUFG于2019年11月面向日本国内法人客户运营全球商业机会门户网站“MUFG Trade Club”,并为对海外事业感兴趣的客户介绍海外项目、免费提供账户。MUFG通过与日本国内及亚洲地区的银行合作,以亚洲地区为中心,持续召开洽谈会为客户介绍海外项目。由于MUFG在欧美、中东、非洲等地合作银行较少,通过洽谈会提供商务机会有限,因此为了满足客户对欧美、中东和非洲地区的商业需求，2019 年 3 月 MUFG 与西班牙最大的商业银行 Banco Santander 签订业务合作协议，为日本国内客户提供欧洲地区商业机会。

(5)对孟加拉国肥料设备建设提供资金

在农业国家孟加拉国，由于高经济增长率和人口快速增长，人们对粮食和肥料的需求快速增加。2019 年 1 月，MUFG 与大型国际银行合作，向孟加拉国的国营化学公司融资超过 1 400 亿日元，这是孟加拉国国内最大的肥料设施建设资金。在设施建成后，原先部分依赖进口的肥料将转为国内生产，为该国的经济发展做出贡献。

1.3.3 ESG 数据

从绝对量来看，MUFG 自 2015 年开始，年度环境融资项目数波动较明显，2017 年融资 26 项，2019 年融资 9 项，所带来的 CO_2 削减效果随融资项目数而波动(见表 9)。

表 9　　融资项目的 CO_2 削减效果

	单位	2015 年	2016 年	2017 年	2018 年	2019 年
年度环境融资项目件数	件	21	9	26	23	9
年度融资项目 CO_2 削减效果	kt-CO_2	248.8	19.1	167.6	135.3	1.7
累计削减 CO_2 效果	kt-CO_2	999.1	1 018.2	1 185.8	1 321.1	1 322.8

资料来源：三菱日联金融集团官网的可持续发展报告。

MUFG 项目融资重点在引进节能设备、建筑节能购物中心等项目上，2015—2019 年这两项项目数所占比重分别为 53.3%和 20.4%(见表 10)。

表 11 为年度融资 CO_2 削减效果明细，从中可以看出，削减 CO_2 效果最显著的项目为可再生能源(风力发电等)、引进节能设备。因此，MUFG 融资项目存在融资对象与融资效果严重不匹配的问题。

表 10　　各年度环境融资项目数明细　　单位：件

	2015 年	2016 年	2017 年	2018 年	2019 年	累计	占比
可再生能源	36	1	11	2	0	50	18.5%
废弃物再利用	14	0	0	0	0	14	5.2%
垃圾处理	7	0	0	0	0	7	2.6%
引进节能设备	108	4	8	16	8	144	53.3%
建筑节能购物中心	38	4	7	5	1	55	20.4%
总计	203	9	26	23	9	270	100.0%

资料来源：三菱日联金融集团官网的可持续发展报告。

表 11　　年度融资项目 CO_2 削减效果明细　　单位：kt-CO_2

	2015 年	2016 年	2017 年	2018 年	2019 年	累计	占比
可再生能源	393	5.8	159.2	125.7	0.0	884	51.7%
废弃物再利用	101	0.0	0.0	0.0	0.0	101	7.6%
垃圾处理	29	0.0	0.0	0.0	0.0	29	2.2%
引进节能设备	440	8.2	3.7	8.5	1.7	463	35.0%
建筑节能购物中心	36	5.1	4.7	1.1	0.0	47	3.5%
总计	999	19.1	167.6	135.3	1.7	1 323	100.0%

注：因四舍五入，故有合计不符的地方。
资料来源：三菱日联金融集团官网的可持续发展报告。

2015—2019 年，MUFG 测量的直接能源消耗、间接能源消耗及能源使用总量数据，如表 12 所示。

与 2018 年、2019 年数据对比可知，与城市煤气、煤油、蒸汽热水、冷水、员工交通相关的能源消耗都大幅度缩减，环境保护效果较明显（见表 13）。

由表 14 和表 15 可以看出，不论是直接 CO_2 排放量、间接 CO_2 排放量，还是其他相关的间接 CO_2 排放量，其汇总数据均呈逐年递减的趋势，各个分类项目也大多呈递减趋势，绿色金融实施效果明显。

表 12　　　MUFG 环境负荷数据

测量项目		单位	2015 年	2016 年	2017 年	2018 年	2019 年
建筑面积		km^2	2 222	2 175	2 174	2 175	2 167
直接能源消耗	城市煤气	kNm^3	3 915	3 915	3 965	3 697	3 285
	重油	kl	882	855	962	805	856
	煤油	kl	87	81	75	76	68
间接能源消耗	电力	kkwh	399 733	409 823	397 386	381 211	395 463
	蒸汽热水	GJ	52 473	63 463	68 257	62 466	61 657
	冷水	GJ	46 143	55 836	56 213	61 828	57 148
与员工交通相关的能源消耗、道路交通	海外出差	kkm	53 968	56 568	52 672	52 359	36 280
	公司用车	kl	3152	2 927	2 684	2 570	2 133
水的有效利用	上水	km^3	1 405	1 398	1 503	1 446	1 383
	下水	km^3	1 152	1 155	1 176	1 208	1 154
能源总使用量	MWh	—	—	431 961	415 737	428 464	

资料来源：三菱日联金融集团官网的可持续发展报告。

表 13　　　环境保护效果

环境性能指标	单位	2018 年	2019 年	环境保护效果比较
城市煤气	kNm^3	3 697	3 285	−412
重油	kl	805	856	52
煤油	Kl	76	68	−8
电力	kkWh	381 211	395 463	14 252
蒸汽热水	GJ	62 466	61 657	−809
冷水	GJ	61 828	57 148	−4 680
上水	km^3	1 446	1 383	−63
员工交通相关的能源消耗：公司用车(汽油)	kl	2 570	2 133	−437
员工交通相关的能源消耗：海外出差(国际航线)	kkm	52 359	36 280	−16 079
温室气体排放量	$t\text{-}CO_2$	207 973	202 744	−5 229
下水	km^3	1 208	1 154	−54

资料来源：三菱日联金融集团官网的可持续发展报告。

表 14　　**CO_2 排放量数据**

测量项目		单位	2015 年	2016 年	2017 年	2018 年	2019 年
CO_2 排放量	直接 CO_2 排放量	t-CO_2	11 344	11 421	11 836	10 795	9 963
	间接 CO_2 排放量	t-CO_2	209 604	212 282	202 004	186 870	184 287
	其他相关的间接 CO_2 排放量	t-CO_2	11 792	11 487	10 598	10 309	7 959
	基于 CDM* 偏移等	t-CO_2	—	−25 500	0	0	0
	总计	t-CO_2	232 740	209 689	224 439	207 973	202 209
CO_2 排放原单位（面积 CO_2 排放量）		t-CO_2/km^2	105	96	103	96	93
电力使用量原单位（单位面积用电量）		Kwh/m^2	180	188	183	175	182

* CDM 即清洁发展机制，是《联合国气候变化框架公约》第三次缔约方大会 COP3（京都会议）通过的缔约方在境外实现部分减排承诺的一种履约机制。

资料来源：三菱日联金融集团官网的可持续发展报告。

表 15　　**CO_2 排放量的明细**　　单位：t-CO_2

测量项目		2015 年	2016 年	2017 年	2018 年	2019 年
直接 CO_2 排放量	城市煤气	8 731	8 897	9 036	8 420	7 472
	重油	2 391	2 318	2 608	2 180	2 321
	煤油	222	206	192	194	170
	分类汇总	11 344	11 421	11 836	10 795	9 963
间接 CO_2 排放量	电力	203 982	205 482	194 910	179 785	177 248
	蒸汽热水	2 991	3 617	3 891	3 561	3 514
	冷水	2 630	3 183	3 204	3 524	3 524
	分类汇总	209 604	212 282	202 004	186 870	184 287
其他相关的间接 CO_2 排放量	海外出差	4 479	4 695	4 372	4 346	3 011
	公司用车	7 313	6 792	6 226	5 963	4 948
	分类汇总	11 792	11 487	10 598	10 309	7 959
CDM 信用等引起的偏移		0	−25 500	0	0	0
CO_2 排放量合计		232 740	209 689	224 439	207 973	202 209

资料来源：三菱日联金融集团官网的可持续发展报告。

1.4　典型国家的特征比较

1.4.1　美国

早在20世纪末21世纪初，美国就开始量化各大主体绿色金融业务绩效。例如，道琼斯可持续发展指数与富时社会责任指数，通过数值衡量金融机构与上市公司绿色金融产品的环境绩效。此外，美国绿色金融产品种类非常丰富，十分具有创新能力，各机构常根据各项目特点开发新产品，如清洁水循环基金、资产担保绿色债券及气候保险等产品。

绿色金融在美国为联邦政府与州政府相互配合的发展模式，联邦政府“自上而下”制定绿色金融发展框架，州政府“自下而上”因地制宜根据各州情况制定并实施具体政策，两主体相互契合为绿色金融在美国各地的发展创造良好的政治环境。此外，美国联邦政府非常注重立法的功能，通过法律要求美国公司必须将环境问题纳入金融市场，并向投资者提供潜在环境风险的报告。同时，通过立法规定金融机构的授信业务必须通过严格的环境评估政策，各类项目贷款首先需要进行环境影响评估，根据结果做出决策，并配合财政激励政策促进绿色金融发展。美国各地州政府也同样注重绿色金融发展过程中的制度设计、财政政策设计与地方性绿色银行建立。在制度设计方面，美国州政府（如加利福尼亚州）分别从大气污染、绿色建筑、新能源开发等方面制定法律，强制要求州居民遵守法规，践行“绿色”生活方式。在财政政策设计方面，州政府（如宾夕法尼亚州）以财政资金撬动金融资本和社会资本，汇集大量资金投入绿色金融业务，力争转变当地经济发展模式与居民消费方式。在地方性绿色银行方面，各州政府（如康涅狄格州和新泽西州）根据实际情况建立地方性绿色银行，虽然机构管理模式与业务开展方式存在差异，但宗旨都是根据联邦政府政策发展本州绿色金融业务。

1.4.2 英国

与美国不同，英国绿色金融的发展模式是“自下而上”的。因利益驱动，在绿色金融这一概念萌芽之初，英国众多私人机构便参与其中，自发性地开始探索绿色金融在英国的发展路径。在绿色金融业务完善到一定程度后，英国政府才参与其中并创立政策性投资银行——英国绿色投资银行，并规定对节能设备投资和技术开发项目给予贴息贷款或免(低)息贷款。英国绿色投资银行(GIB)后成为绿色投资集团(GIG)，在其业务发展过程中尤为重视可再生能源发电领域，在投入初期主要通过社会资本以股权形式融资；在私人领域，巴克莱银行对私人业务发行绿色业务卡，持卡用户拥有较低的借款利率和银行业务费用，以此吸引大量私人用户加入绿色金融行列。

由于在工业革命时期英国环境污染导致人民生活环境恶劣，英国人民意识到绿色可持续发展的重要性，得益于此，英国在绿色保险领域主要采取自愿责任保险，在一些特殊领域采用强制责任保险，并提出了诸多前瞻性建议。例如，英国是最早提出建设碳排放权交易体系的国家，通过平台将公共产品转为私有产品，有效解决了市场失灵的问题。此外，英国也是最早提出“低碳经济”概念的国家，较早意识到以“绿色”方式发展经济对国家的重要性。为减少温室气体排放，2008 年英国颁布《气候变化法》，规定了中长期的碳排放上限和减排规划，还从能源与经济等方面出台法规，辅助《气候变化法》目标的实现。

为使绿色金融发展拥有良好的生态环境，英国政府分别从税收、技术创新与监管体系等方面完善绿色金融政策。例如，英国绿色金融业务发展拥有完善的绩效考评制度，除世界上大多数绿色金融机构应用的 ESG 评级方法外，GIG 独创性的发明与应用风险责任机构和风险责任人制度，每个项目都设有责任主体与个人，并对其进行考评，确保每个项目都发挥最大的效用。此外，GIG 还以每个项目的就业创造人数和供水供电惠及人数作为绩效评价内容之一。

1.4.3 日本

日本是世界闻名的环保国家，但在 20 世纪 50—70 年代随着经济腾飞，环境污染非常严重，水俣病开始在日本民众身上发生，之后日本政府意识到环境保护的重要性，开始推行绿色新政，转变经济发展方式，以绿色金融业务为手段，将资金投入可再生能源等环保领域或支持环保技术创新类企业。

日本绿色金融的发展一步一个台阶，主要得益于日本金融机构的大力配合。起初由日本相关政府部门积极引导产业政策调整，随后金融机构积极主动地紧跟政府的产业政策方向，大力发展绿色金融，双方协同效率较高。例如，日本三菱东京 UFJ 银行采用赤道原则，从风险管理视角评估投资项目产生的环境影响，对具有环保效应的项目提供融资支持；日本瑞穗实业银行也加入赤道原则，发布行为准则将环境因素加入商业因素考量；三井住友银行将 ESG 策略作为金融投资的核心要素，将环境治理问题融入投融资分析全过程，还成立了 SMFG 环保小组，力争最大限度发挥金融支持环保的作用。

1.5 经验借鉴

1.“法”字当头，全面落实绿色金融法制化

在发展绿色金融的过程中，不论是美国出台的《超级基金法》，还是英国颁布的《气候变化法》，都表明各国十分重视用法律制度保障绿色金融的发展，法律具有普适性和强制力，制定绿色金融的法律法规有利于绿色金融政策的普遍推行，法律同样也是绿色金融发展初期的基石和绿色金融日后良性发展的保障，能有效防止各主体利用绿色金融发展初期的漏洞借机“漂绿”以获取有关绿色金融的优惠待遇。

通过法律对金融机构、企业及监管机构等各主体行为做出明文规定，使金融机构在发放贷款时为借款人的环境责任承担严格连带责任，促使金融机构在初期贷款发放过程中完整详细的审查借款人贷款项目所产生的环境、社会影响，在萌芽阶段把好第一道关。以法律约束各企业事先思考自身发展方式是否会触及法律条款、是否会对环境造成不利影响。监管部门以法律为准则，在执法过程中有

法可依。通过法律对违法者使用国家暴力，对其进行制裁，促进绿色金融政策贯彻落实，使绿色金融的发展在企业主体中落地生根，从而使可持续发展理念深入人心。

2. 提供多样化的绿色金融产品，构建绿色金融服务体系

绿色金融是金融市场由低级向高级发展的必然结果，在这一过程中必然伴随着绿色金融产品的创新，产品创新是绿色金融发展的内在动力，在绿色金融产品创新上要始终坚持以客户为中心，围绕客户的需求开发满足其要求的产品，并且在产品创新过程中不容忽视私人客户的力量，可以借助"互联网＋"平台使金融机构为不同客户都能提供绿色金融产品。

英国绿色投资集团在发展过程中突显出绿色产品多样化、创新化态势，尤其是在海上发电、陆上发电、开发太阳能管道和绿色建筑等领域均有建树，绿色投资集团通过投资可再生能源发电项目与国际大型企业签订购电协议，建立完善的上下游发展体系，还通过向第三方客户提供绿色咨询业务服务，丰富绿色业务项目，满足不同群体绿色金融业务要求。

3. 树立标杆，引领金融发展新方向

美国花旗银行在发展绿色金融过程中，树立的理念就是做国际绿色金融的领导者，并积极参与国际绿色金融指导准则的制定。英国绿色金融在发展过程中创造性地提出很多前瞻性的概念和建议，并在世界范围内被广泛采用。我国兴业银行虽然最早加入赤道原则，但也只是国际绿色金融原则积极参与者。随着我国绿色债券和绿色信贷业务在国际上逐渐居于前列，我国金融机构也需要加强话语权，争取在国际绿色金融业务机构中逐渐占有更多的席位，如与国际大型金融机构合作制定绿色金融协议或成立绿色金融组织，为发展中国家的绿色金融发展争取更多的权益。

4. 注重宣传环境保护意识，培养绿色金融专业人才

在经济发展初期，伴随着经济的高速发展，环境势必会逐渐恶化，这是符合库兹涅茨曲线规律的。西方国家在工业革命时期已经受到为发展经济而牺牲环境

所带来的教训，所以在之后开展绿色金融业务的过程中，十分注重向客户宣传环境保护意识，从思想层面注重培养客户养成保护环境，实现可持续发展的价值观。而我国民众环境保护意识较差，金融机构在开展具体业务时，较多是在制度制定、项目评价方面下功夫，对客户的环境理念引导工作不到位。随着 21 世纪绿色金融业务在我国逐渐开展，对具有金融、环境、会计等综合性高层次人才的需求也逐渐增多，教育机构应注重培养复合型人才，银行业和其他机构应注重引进高水平人才，发挥教育在发展绿色金融领域的作用。

5. 实施全过程的绿色金融业务评价

美国花旗银行通过制定 ESRM 政策，建立了一整套项目评价政策体系，对贷款对象全过程资金使用情况进行指导和监督。英国绿色投资集团在项目绩效考核过程中独创性的发明与应用了风险责任机构和风险责任人制度，并且以项目的就业创造人数和供水、供电惠及人数作为绩效考核内容。发达国家对绿色金融业务的绩效考核不仅关注事前项目审核，评价项目是否符合融资条件，而且注重事后监督与绩效评价，对融资对象的发展变动以及融资后贷款对象是否将资金按照要求使用进行监督，了解掌握贷款对象全过程资金使用情况。

2 我国绿色金融发展现状与特征分析

2.1 我国绿色金融发展现状

2.1.1 绿色金融政策及发展历程

为明确绿色金融涉及范畴并对其所涵盖的行业进行规范，我国陆续出台了相关政策及文件以保障绿色金融的有序开展。2008年，银监会发布《节能减排授信工作的指导意见》，国家环保总局和保监会联合发布《关于环境污染责任保险的指导意见》，环保总局发布《关于加强上市公司环境保护监督管理工作的指导意见》。"绿色信贷""绿色保险""绿色证券"的基本规则初步形成。

2012年，银监会印发《绿色信贷指引》，从组织管理、政策制度与能力建设、流程管理、内控管理与信息披露、监督检查等方面要求银行业金融机构从战略高度推进绿色信贷，加大对绿色经济、低碳经济、循环经济的支持，防范环境和社会风险，提升自身的环境和社会表现。

2013年，银监会印发《绿色信贷统计制度》，对银行业金融机构开展绿色信贷业务做出规范。《绿色信贷统计制度》定义并列举了12类节能环保项目及服务的绿色信贷统计范畴。这是监管机构首次明确绿色金融支持领域，为银行收集绿色金融项目信息、制定绿色金融管理政策、创新绿色金融产品等提供了制度依据。

2016年，国家发展改革委发布《绿色债券发行指引》，对绿色金融企业债券进行规范的同时梳理了绿色金融支持的重点项目领域。上交所、深交所、证监会、银行间市场交易商协会分别发布《关于开展绿色公司债券试点的通知》《关于开展绿色公司债券业务试点的通知》《关于支持绿色债券发展的指导意见》《非金融企业绿色债务融资工具业务指引》，将绿色公司债券和绿色债务融资工具增加至绿色金融产品范围。同年，中国人民银行、财政部、发展改革委、环境保护部、银监会、证监会、保监会七部委印发《关于构建绿色金融体系的指导意见》（简称“指导意见”），指导意见的出台使中国成为全球首个建立较完整的绿色金融政策体系的经济体。

2019 年，政府工作报告中首次提及要“壮大绿色环保产业”，并明确“加强污染防治和生态建设，大力推动绿色发展”的目标，提出绿色发展是构建现代化经济体系的必然要求，是解决污染问题的根本之策。

2020 年 9 月 22 日，国家主席习近平在第七十五届联合国大会一般性辩论上发表重要讲话，指出要加快形成绿色发展方式和生活方式，建设生态文明和美丽地球。中国将提高国家自主贡献力度，采取更加有力的政策和措施，二氧化碳排放力争于 2030 年前达到峰值，努力争取 2060 年前实现碳中和。2021 年 4 月，由中国人民银行、发展改革委、证监会联合发布《绿色债券支持项目目录（2021 年版）》。

2.1.2　绿色信贷

我国绿色信贷的发展大致经历四个阶段：萌芽阶段、政策启动阶段、规范发展阶段和快速发展阶段。

萌芽阶段：2005 年国务院公布的《关于落实科学发展观加强环境保护的决定》中直接提出，对不符合国家产业政策和环保标准的企业，不得审批用地，并停止信贷。这一决定明确指出要将信贷政策与环保标准相结合，考虑贷款项目的环境影响。

政策启动阶段：2007 年 7 月，环保总局、中国人民银行、银监会联合发布《关于落实环保政策法规防范信贷风险的意见》，这标志着绿色信贷这一经济手段全面进入我国污染减排的主战场。

规范发展阶段:2012年银监会制定《绿色信贷指引》,这是绿色信贷发展的重要里程碑,着力推动银行业金融机构以绿色信贷为抓手,积极调整信贷结构,防范环境与社会风险,更好地服务实体经济,促进经济发展方式转变和经济结构调整。

快速发展阶段:随着绿色信贷业务逐渐发展,金融机构不断提升绿色信贷服务水平,在机制建设、风险管理、国际合作、产品创新等方面取得突出成效。

截至2021年,中国已有兴业银行(2008年10月31日)、江苏银行(2017年1月20日)、湖州银行(2019年7月24日)、重庆农村商业银行(2020年2月27日)、绵阳市商业银行(2020年7月20日)、贵州银行(2020年11月30日)和重庆银行(2021年2月2日)共7家银行宣布采纳"赤道原则",具体情况如表16所示。

表16　　国内赤道银行情况

名称	加入"赤道原则"的时间	所属地区	是否上市
兴业银行	2008年10月	福建	A股
江苏银行	2017年1月	江苏	A股
湖州银行	2019年7月	浙江	否
重庆农村商业银行	2020年2月	重庆	A+H股
绵阳市商业银行	2020年7月	四川	否
贵州银行	2020年11月	贵州	H股
重庆银行	2021年2月	重庆	A+H股

资料来源:作者收集整理。

作为绿色金融的先行者,截至2020年9月末,兴业银行已累计为全国29 250家企业提供绿色信贷融资余额11 490亿元;江苏银行绿色信贷余额近千亿元,年均新增超百亿元;湖州银行绿色贷款余额87.14亿元,占全部贷款的19.9%,该行2014年开发首个绿色融资产品"五水共治贷",创建了全国城商行首个以人工智能为依托的绿色信贷管理系统;重庆农村商业银行绿色信贷余额超过170亿元;贵州银行绿色贷款余额215.17亿元,累计支持100多个绿色项目发展;重庆银行绿色信贷规模121.52亿元。

绿色信贷是国家通过商业银行以信贷手段支持新能源、节能环保、污染防治项目，调控高耗能、高污染、高排放产业的一种金融调控工具。目前，在我国绿色金融的融资结构中绿色信贷占总体绿色融资规模的比例在 90%以上。我国工商银行、农业银行、建设银行、中国银行、招商银行、中信银行、光大银行、平安银行、浦发银行、华夏银行十大银行 2013—2020 年的绿色信贷数据表明：不论是国有银行还是股份制银行，绿色信贷数据都在连年增长，金融机构都在积极响应国家政策，降低“两高一剩”行业贷款额，增加绿色信贷额，见表 17。

表 17　　十大银行 2013—2020 年绿色信贷情况　　单位：亿元

	2013 年	2014 年	2015 年	2016 年	2017 年	2018 年	2019 年	2020 年
工商银行	5 923.74	6 552.81	7 028.43	9 785.6	10 991.99	12 377.58	13 508.38	18 457.19
农业银行	3 304.21	4 724.47	5 431	6 494.32	7476.25	10 504	11910	15 149
建设银行	4 883.9	4 870.77	7 335.63	8 892.21	10 025.21	10 422.6	11 758.02	13 400
中国银行	2 587.59	3 010.43	4 123.15	4 673.42	5 387.99	6 326.67	7 375.7	8 967.98
招商银行	1 163.72	1 509.47	1 565.03	1 436.64	1 571.03	1 660.33	1 767.73	2 071.33
中信银行	207.64	251.73	236.96	396.7	603.58	629.37	651.48	661.95
光大银行	326.77	347.61	387	493.76	749	784	906.99	1 037.23
平安银行	224.74	267.62	401.49	590.34	808.39	626.93	572	702.3
浦发银行	1 521.04	1 563.74	1 717.85	1 738.12	1 813.69	2 175.15	2 260.53	2 628
华夏银行	346.6	394.4	399.6	453.5	532.48	566.99	798.44	1 800.43

资料来源：各银行可持续发展报告。

以绿色信贷比这一相对数反映绿色信贷在贷款总额中的变化。图 5 的数据显示：工商银行、农业银行、建设银行、中国银行四大国有银行绿色信贷比连年增长，其中工商银行、建设银行和农业银行绿色信贷比从 2013 年的约 5%增长至 2019 年的约 8%，农业银行绿色信贷比 2019 年最高，为 8.37%。中国银行绿色信贷比在四大国有银行中最低，2019 年只有 5.71%。从股份制银行来看，招商银行和浦发银行从 2013 年开始绿色信贷比呈现逐渐下降趋势，分别从 2013 年的 5.3%和 8.61%下降到 2019 年的 3.92%和 5.69%，中信银行、光大银行、平安银行、华夏银行的绿色信贷比则呈缓慢上升趋势，如图 6 所示。

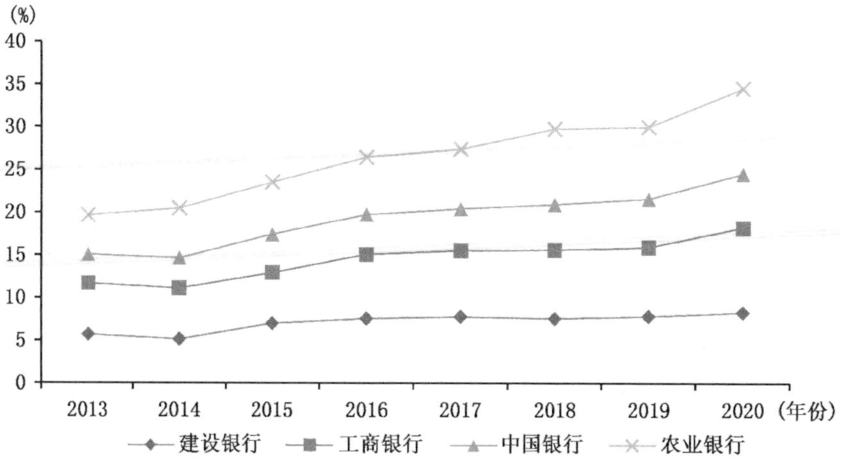

图 5 2013—2020 年国有银行绿色信贷占比趋势图

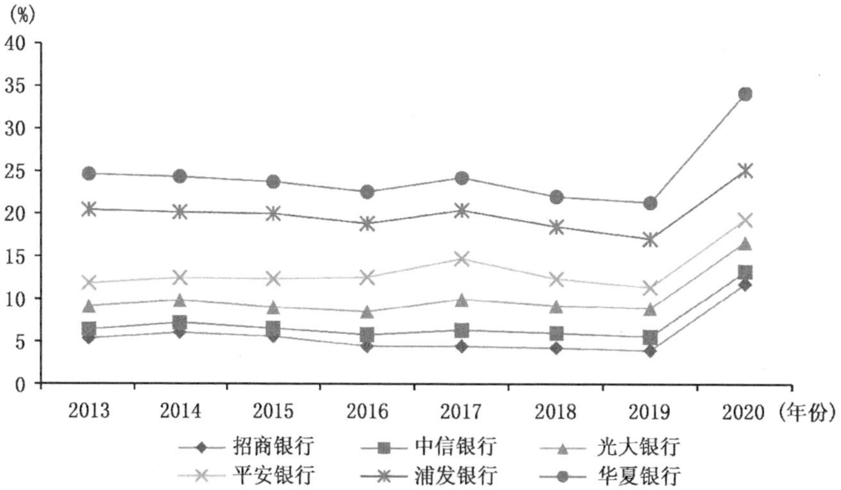

图 6 2013—2020 年股份制银行绿色信贷占比趋势图

兴业银行作为国内首家赤道银行，率先将可持续发展提升到企业战略和公司治理层面，并将绿色金融作为集团战略核心业务，逐步构建起集团化、多层次、综合性的绿色金融产品与服务体系。兴业银行制订了年度授信政策，按照“有保、有控、有压"的区别授信政策，积极支持实体经济发展，优化信贷资源配置。对于部分高耗能、高污染及高环境和社会影响的行业，兴业银行在授信环节严格执行相关能效、环境技术标准，推动所支持项目的绿色高质量发展。2020 年兴业银行持续对"两高一剩"行业(包括钢铁、有色金属、建材、化工、电力、风电设备、造船、造纸、煤化工等行业)实行行业限额管理及差异化授信政策，主要与符合国家产业政策、市场地位稳固的龙头企业开展合作，推进对绿色金融领域的信贷支持。截至 2020 年末，"两高一剩"行业贷款余额 1 621.49 亿元，不良贷款率 2.14%，资产质量持续改善，其中，钢铁、有色金属、建材等行业不良贷款率均较上年末大幅下降。对于绿色环保领域的企业，优先发展符合国家政策导向、处于快速发展期、市场前景广阔行业(包括基础设施、民生、战略性新兴产业、现代农业等)的信贷业务；积极践行绿色信贷原则，择优支持社会效益明显、技术运用成熟、具备商业化运营的绿色环保产业。2021 年兴业银行仍严格贯彻落实国家"碳达峰、碳中和"的战略部署，严格按照国家宏观调控和产业发展政策要求，深度参与并挖掘市场机遇，积极引导信贷资源投向符合 ESG 的相关行业领域，确保"两高一剩"行业的风险总体可控。

工商银行持续强化绿色信贷政策管理，有效推进投融资结构绿色调整，将绿色金融要求嵌入尽职调查、项目评估、评级授信、审查审批、合同签订、资金拨付及贷后管理等全流程各环节。2020 年工商银行按照银保监会新口径，投向节能环保、清洁生产、清洁能源、生态环境、基础设施绿色升级、绿色服务等绿色产业的绿色贷款余额 18 457.19 亿元，全行风电、光伏发电贷款余额占电力生产行业贷款总量 35%，高于同期风力及光伏发电在我国电力结构中 21.5%的比重，"两高"行业贷款总量持续多年稳定或略有下降。在绿色信贷业务发展中，工商银行注重优化考核机制，加强绿色信贷考核；强化差异化信贷政策及经济资本调节；安排绿色贷款专项规模，优先保障绿色产业信贷投放，明确要求稳步提升绿色信贷占比，鼓励分行加快绿色信贷投放；对部分分行开展绿色信贷专项审计。由图 7 可知，工商银行绿色信贷业务环境绩效明显，尤其是在减排二氧化硫和节约用水方面，2020

年成效显著。

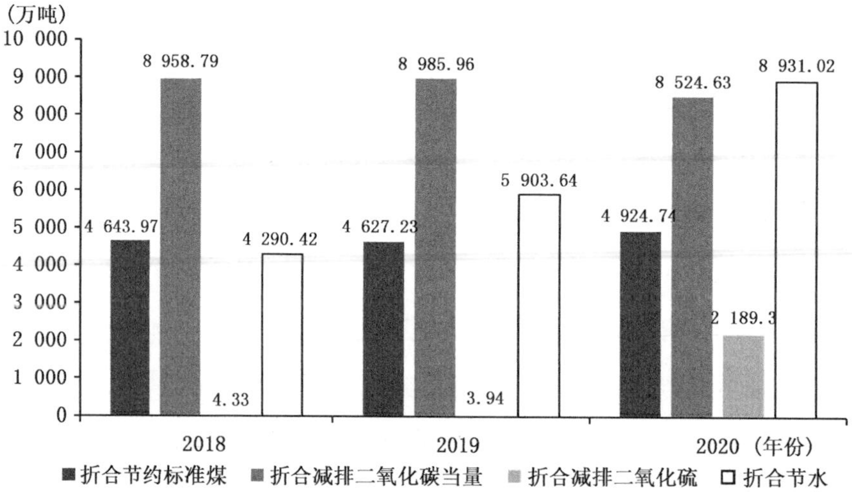

图 7　2018—2020 年工商银行绿色信贷温室气体减排情况

我国绿色信贷业务的发展可以显著影响经济发展趋势、产业结构布局及环境治理进程。金融是经济发展的血液,金融机构绿色金融业务的开展已经为今后金融业务的发展贴上了标签,在绿色金融集聚和扩散的相互效应中,经济发展趋势会由粗犷型模式转为可持续发展模式,由此我国的产业结构布局也会改变,由偏高污染型工业结构转为低碳绿色工业结构。绿色信贷对环境治理进程同样具有深远影响:绿色信贷的平均增速与节能减排正相关,通过金融机构倾斜性的信贷政策,对企业融资经营产生影响,倒逼企业改变生产经营方式,考虑企业生产对环境的影响,由此加快环境治理进程。新冠疫情对金融机构业务造成巨大冲击,使金融机构和其定位服务的企业经营环境都面临风险,导致新兴绿色信贷发展在原本的挑战面前又面临新的难题。

2.1.3　绿色债券

2014 年 5 月 8 日我国发行了首只绿色债券,2016 年我国绿色债券发行量及发行规模大幅增长,绿色债券市场稳定发展。绿色债券在我国出现以来,其债券种类不断丰富，发行量急剧增加，市场呈现债券发行主体类型和信用层次多样化的特征。目前，我国绿色债券分为绿色金融债、绿色公司债、绿色企业债、绿色债务融资工具、绿色熊猫债、绿色资产支持证券、绿色地方债、境内主体境外发行绿债八类。

绿色金融债的发行方为金融机构，其将发行债券募集资金主要投资于绿色项目。2019 年下半年，超过 10 亿元的绿色金融债有 7 只，其中兴业银行发行 200 亿元，国家开发银行发行 100 亿元且所募集的 100 亿元资金明确指明类别属于污染防治、生态保护和适应气候变化，见表 18。

表 18　　2019 年下半年超 10 亿元的绿色金融债发行情况

发行时间	债券简称	发行规模（亿元）	债券期限（年）	票面利率（%）	第三方认证	募投项目类别
2019 年 7 月 16 日	19 兴业绿色金融 01	200	3	3.55	德勤	综合
2019 年 9 月 10 日	19 贵阳银行绿色金融 01	30	3	3.55	联合赤道	综合
2019 年 9 月 16 日	19 浙商银行绿色金融	50	3	3.42	安永	综合
2019 年 9 月 18 日	19 齐鲁银行绿色金融债	30	3	3.59	安永	综合
2019 年 10 月 11 日	19 北湾银行绿色金融 01	20	3	4.00	中节能	综合
2019 年 11 月 12 日	19 国开绿债 01	100	3	3.10	安永	污染防治、生态保护和适应气候变化
2019 年 11 月 27 日	19 北湾银行绿色金融 02	10	3	4.00	中节能	综合

资料来源：中国金融信息网，http://greenfinance.xinhua08.com/.

绿色公司债指的是受证监会监管，在交易所发行，用于支持绿色产业的公司债券。由表 19 可以看出，2019 年下半年超 10 亿元的绿色公司债共有 15 只，利率较高，大多维持在 4%以上，且有第三方机构认证，募投项目类别清楚，均有固定绿色投资领域。

表 19　　2019 年下半年超 10 亿元绿色公司债发行情况

发行时间	债券简称	发行规模（亿元）	债券期限（年）	票面利率（%）	第三方认证	募投项目类别
2019 年 6 月 27 日	G19 川铁 2	17	5	4.47	中节能	清洁交通
2019 年 7 月 10 日	19 湘高 G2	21.03	3	4.40	中节能	清洁交通
2019 年 7 月 18 日	G19 川铁 3	18	5	4.45	中节能	清洁交通
2019 年 7 月 22 日	G19 济轨 1	20	5	4.79		清洁交通
2019 年 8 月 14 日	G19 鲁钢 2	15	3	5.29	东方金诚	污染防治
2019 年 8 月 29 日	G19 天成 3	10	3	4.37	中诚信	清洁能源
2019 年 9 月 10 日	G19 京 Y1	20	3+N	3.85	北京中财绿融	清洁交通
2019 年 9 月 10 日	G19 三峡 4	30	10	4.30	安永	清洁能源
2019 年 9 月 12 日	G19 京 Y2	20	5+N	4.15	北京中财绿融	清洁交通
2019 年 9 月 12 日	G19 鲁高 1	10	3	3.5	联合赤道	
2019 年 9 月 30 日	19 盛虹 G1	10	3	6.00		节能
2019 年 10 月 15 日	G19 株湘 1	15	5	6.00		污染防治
2019 年 10 月 18 日	G19XHY	15	3+N	4.83		
2019 年 11 月 22 日	19 荣盛 G1	10	2	5.42	上海新世纪	节能
2019 年 11 月 26 日	G19 贵水 1	32	5	4.59		

资料来源：中国金融信息网。

2019 年下半年，八类绿色债券共发行 158 只，发行规模达到 2 302.42 亿元，其中境内主体境外发行绿债发行规模达到 730.30 亿元，占比达 31.72%，接下来依次为绿色金融债和绿色公司债，占比分别为 19.70%和 17.75%，见表 20。从中可以看出，绿色债券的发行主体依然为银行等金融机构，公司、企业和地方政府所占比例较小，发行量较少。

表 20　　2019 年下半年绿色债券发行情况

种　类	债券数量（只）	发行规模（亿元）	比例（%）
绿色金融债	12	453.5	19.70
绿色公司债	45	408.63	17.75

续表

种　类	债券数量(只)	发行规模(亿元)	比例(%)
绿色企业债	41	310.6	13.49
绿色债务融资工具	16	182.2	7.91
绿色熊猫债	1	5	0.22
绿色资产支持证券	20	209.383 7	9.09
绿色地方债	3	3	0.13
境内主体境外发行绿债	20	730.302 8	31.72
总额	158	2 302.416 5	100

资料来源:中国金融信息网。

绿色金融债券所投向领域应符合《绿色债券支持项目目录(2015 年版)》,该目录将符合绿色债券投向规定的项目分为 6 个大类、31 个小类。以 2019 年为例,发行的 833.5 亿元全部用于绿色项目,截至 2019 年末,已发生实际投资的 299.42 亿元按照项目分类,如图 8 所示。在 31 个小类项目中,绿色金融债实际参与了 26 类项目的投资,所投项目最多的领域为污染防治和城市轨道交通。

2021 年 4 月,由中国人民银行、发展改革委、证监会联合发布《绿色债券支持项目目录(2021 年版)》,相较于《绿色债券支持项目目录(2015 年版)》,这个目录实现三大重点突破:一是绿色项目界定标准更科学准确,煤炭等化石能源清洁利用等高碳排放项目不再纳入支持范围,并采纳国际通行的"无重大损害"原则使减碳约束更严格;二是债券发行管理模式更优化,首次统一绿色债券相关管理部门对绿色项目的界定标准,有效降低绿色债券发行、交易和管理成本,提升绿色债券市场的定价效率;三是为我国绿色债券发展提供稳定框架和灵活空间,《绿色债券支持项目目录(2021 年版)》的发布,将使我国绿色债券更聚焦绿色低碳发展战略,更好地为我国绿色金融发展赋能,推动绿色金融领域的国际合作。

我国绿色债券发展迅速,2019 年中国绿色债券发行量位居全球首位,兴业银行、浦发银行等股份制银行和政策性银行、国有银行都发行过大额绿色债券,积极响应国家"供给侧改革"的号召。但是,我国绿色债券在发展过程中也存在一些问

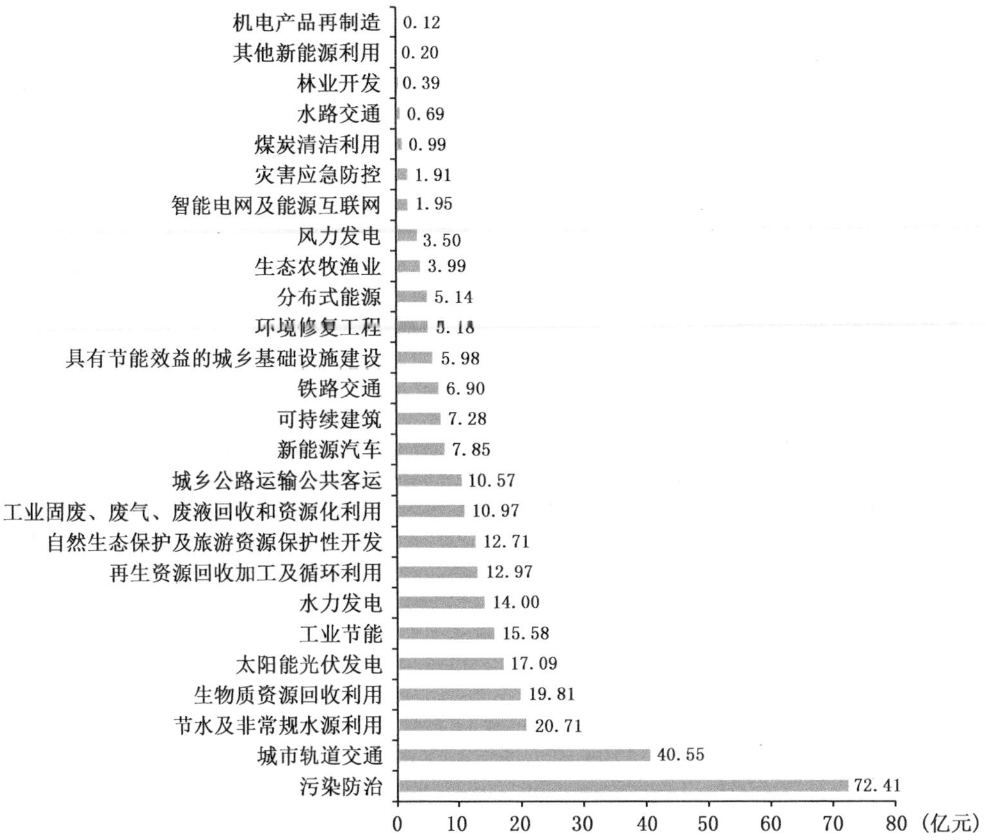

资料来源:中国金融信息网。

图 8　2019 年中国境内绿色金融债券募集资金投向分布

题:一是在发行绿色企业债和绿色公司债时,小规模债券缺乏第三方机构认证,所贴"绿色"标签缺乏真实性,可能存在"漂绿"问题;二是绿色债券发行主体单一,主要集中在大型金融机构,地方政府和非国有上市公司参与程度较低,未能充分调动社会各界主体的参与积极性。

2.1.4　绿色基金

我国绿色基金以多种组织名称、架构方式,从缓慢起步进入快速发展轨道,成为我国供给侧结构性改革的一项重要内容。我国绿色基金起步晚、可借鉴经验少、社会关注度不高，在宏观层面又有监管法律体系不完善、扶持措施不到位、投资权益保障不到位等诸多问题。绿色基金一般聚焦于雾霾治理、水环境治理、土壤治理、污染防制、清洁能源、绿化和风沙治理、资源利用效率和循环利用、绿色交通、绿色建筑、生态保护和气候适应等专项项目。

绿色基金的特点是发挥政府财政资金的引导作用，实现政策性和市场化的有机结合，将分散的可投资资金有效转化为符合绿色经济和绿色产业发展需要的资本金。绿色基金通过市场化机制，将资金、人才、技术等要素向具有发展潜力的绿色企业聚集，推动产业升级，并有助于改善企业的法人治理结构，促进产业结构优化。绿色基金在绿色产业链条中发挥重要作用，在寻求谋取自身经济利益增长的同时也寻求谋取人与自然和谐共生社会效益的增长。绿色基金包含绿色产业基金、担保基金、碳基金、气候基金等对绿色产业或绿色项目投资并获取经济利益和社会效益的基金，它不同于单纯或主要目的是为了开展公益性环保工作而成立的基金。绿色基金政策的发展历程，见表21。

表21　　绿色基金政策发展历程

时　间	政　策	作　用
2016年3月	《中共中央关于制定国民经济和社会发展第十三个五年规划的建议》	释放出发展绿色基金的积极信号
2016年8月	《构建绿色金融体系指导意见》	首次提出中央财政整合现有节能环保等专项资金设立国家绿色发展基金，鼓励有条件的地方政府和社会资本共同发起区域性绿色发展基金
2018年6月	《关于全面加强生态环境保护坚决打好污染防治攻坚战的意见》	明确提出要设立国家绿色发展基金
2018年11月	《绿色投资指引(试行)》	明确和细化绿色投资特别是相关主题基金方向

2015年以来，环保类上市公司成为发起设立绿色并购基金的主要力量，如南方泵业设立"环保科技并购基金"、格林美拟设立"智慧环保云产业基金"、再升科技发起设立"再升盈科节能环保产业并购基金"、高能环境设立"磐霖高能环保产业投资基金"等。2016年，中美绿色基金作为第八轮中美战略与经济对话的重要

成果之一正式推出。该基金将与镇江和张家口两个城市合作，建立市级建筑节能和绿色发展基金，推动当地节能工作的开展，并将成功经验在国内其他城市进行复制和推广。

目前，我国国家绿色基金已储备各类项目 80 个左右，对固废处理、垃圾焚烧、清洁能源、电池回收利用、充电桩等十几个细分行业进行分析和研究，在首期存续期间将主要投向长江经济带沿线 11 个省市，探索可复制可推广经验。此举有利于加快构建和完善我国绿色金融体系。截至 2021 年 5 月，上海证券交易所联合相关机构发布上证治理指数、上证 180 治理、上证责任指数和上证环保、中证 ESG100 等 63 只绿色指数，上市了 3 只绿色主题的 ETF 产品：责任 ETF、环保 ETF 和可持续 ETF[①]，为投资者投资绿色产业提供重要参考。

国家级绿色基金概况，如表 22 所示。

表 22　　国家级绿色基金概况

成立时间	基金名称	投资领域
2015 年 3 月	绿丝路基金	致力于“丝绸之路”经济带生态改善和光伏能源发展
2015 年 9 月	中美绿色基金	纯市场化的绿色引导性基金
2020 年 7 月	国家绿色基金	主要投向长江经济带沿线的上海、江苏、浙江、安徽、江西、湖北、湖南、重庆、四川、贵州、云南共 11 个省市

2011 年 5 月，我国首只绿色基金“兴全绿色投资混合(LOF)”(基金代码：163409)成立。在随后的数年间，越来越多的绿色公募基金产品涌现，尤其是在 2015 年之后出现井喷期(见表 23)，主要投向为新能源、电动汽车等领域，这说明绿色基金在我国开始逐渐受到重视。

① 网址链接：http://www.sse.com.cn/services/greensecurities/index/.

表 23　　我国绿色公募基金简表

序　号	产品名称	成立时间
1	兴全绿色投资混合(LOF)	2011 年 5 月
2	鹏华环保产业	2014 年 3 月
3	申万菱信新能源汽车	2015 年 5 月
4	嘉实环保低碳	2015 年 12 月
5	华夏能源革新	2017 年 6 月
6	华夏节能环保	2017 年 8 月
7	富国绿色纯债一年定期开放债券	2018 年 1 月
8	华宝绿色主题混合	2018 年 9 月
9	华安低碳生活	2019 年 3 月
10	华宝绿色领先股票	2019 年 9 月

资料来源:中国证券投资基金业协会。

近年来,我国绿色私募基金产品也纷纷成立,见表 24。

表 24　　我国绿色私募基金简表

序　号	基金名称	成立时间
1	重庆广阳湾绿色产业发展股权投资基金合伙企业	2021 年 4 月
2	中美绿色梅杉(天津)创业投资基金合伙企业	2021 年 4 月
3	甘肃省绿色生态通道物流产业发展基金	2021 年 1 月
4	广东绿色家园股权投资合伙企业	2020 年 8 月
5	三峡绿色产业(山东)股权投资合伙企业	2020 年 6 月
6	青海绿色共盈壹号股权投资基金	2019 年 11 月
7	陕西绿色发展基金合伙企业	2018 年 5 月

资料来源:中国证券投资基金业协会。

2.1.5 碳金融

碳金融是指由于温室气体等污染排放的限制，每个国家都被要求有一定限额的碳排放量，而当一个国家难以完成削减任务时，由于碳排放额度交易的买卖是被允许的，就可以花钱从超额完成任务的国家买进超出的额度，或用其他的绿色行为换取碳排放量，于是形成碳交易市场，使得碳排放量如同商品一般可以被交换、买卖甚至投资，由此产生金融服务的需求。

按照不同的业务模式，全球碳交易市场可以分为基于配额和基于项目两种市场模式。基于配额的碳交易市场以欧盟排放交易体系为主，基于项目的碳交易市场以减排量交易为主。进一步按照减排约束力又可将交易市场区分为强制减排和自愿减排两种。强制减排主要服务于有温室气体排放上限的国家或企业，为其提供碳交易平台；自愿减排服务于有社会责任、品牌建设等考虑的国家或企业，为其提供自愿碳交易平台。

目前，中国已有 7 家主要的碳排放交易所，分别为广州碳排放权交易所、深圳排放权交易所、北京环境交易所、上海环境能源交易所、湖北碳排放权交易所、天津排放权交易所和重庆碳排放权交易所。其中，深圳排放权交易在 2013 年 6 月 18 日率先启动，并产生了 1 300 多万的交易量，同时设立了个人会员和公益会员。

碳交易市场不但能促进各企业更注重碳排放管理，从而实现碳达峰、碳中和的愿景目标，而且由此进一步产生的碳金融市场在未来也具有极大的畅想空间。我国碳市场作为市场机制下控制温室气体排放的重要政策工具于 2011 年开始建设，在碳交易市场中企业二氧化碳的排放权可被视为商品进行交易。政府根据当地情况将碳排放权总量以配额方式分别发放至当地企业，若企业碳排放超过配额，则需在市场上购买碳排放权；若少于配额，则减少部分可进行。据国家发改委初步分析，按八大行业测算，未来碳排放量将会达到每年 30 亿～40 亿吨的规模水平，现货交易金额每年高达 12 亿～80 亿元。2020 年 12 月 31 日，生态环境部公布《碳排放权交易管理办法(试行)》，规定了全国碳交易市场的交易原则、制度框架以及实施流程，明确于 2021 年 2 月 1 日正式生效。我国碳市场建设历程，如表 25 所示。

表 25　　我国碳市场建设历程

类　型	时　间	事　件
参与国际市场	2002 年	荷兰与中国签订第一个 CDM 项目*——内蒙古自治区辉腾锡勒风电厂
	2004 年	《清洁发展机制暂行管理办法》
	2006 年	中国取代印度和巴西，成为 CDM 项目第一大国
	2011 年	《清洁发展机制项目运行管理办法》修订
建设国内市场	2011 年	《关于开展碳排放权交易试点工作的通知》
	2012 年	《温室气体自愿减排交易管理办法》
	2013 年	深圳作为第一个试点城市开展碳交易
	2018 年	应对气候变化及减排职能由发改委调整至生态环境部
	2021 年	碳排放权交易管理办法(试行)

* CDM 项目，是发达国家政府为完成温室气体减排任务，把二氧化碳减排指标分给大的企业。这些企业通过自我技术改造可以完成一部分减排指标，但大部分减排指标还需购买。

资料来源：资产信息网。

碳市场监管机构与权限，见表 26。

表 26　　碳市场部分监管机构和权限

机　构	监管权限	劣　势
国家发改委	负责全国碳市场现货交易的监管： 1. 监管全国各市场的配额确定、分配和交易 2. 监管全国各市场的链接机制 3. 监管全国自愿减排市场碳信用的注册、签发和交易 4. 监管部分碳中介机构	与中国证监会相比，在市场监管和执行方面的经验有限
地方发改委	负责地方碳市场一级和二级市场的监管： 1. 确定本地碳交易配额分配 2. 监管本地排放配额的拍卖和二级市场的配额转移 3. 对本地抵偿项目的注册、签发和交易进行监管	在市场监管和执行方面的经验十分有限
中国证监会	负责碳衍生品交易和上市公司碳业务的监管： 1. 监管期货交易所的碳衍生品交易 2. 监管证券市场上市企业碳信息披露报告 3. 监管证券公司的碳业务 4. 监管碳市场的金融机构投资者	完全没有监管碳金融现货交易的权利，只有部分监管在受监管交易所内发生的期货和期权交易的权利，以及有限地监管在那些特定的受监管程度弱于交易所的市场中发生的衍生品交易的权利，面临着资源和权力不足的问题

在碳金融方面，蚂蚁森林的做法值得借鉴学习。蚂蚁森林是蚂蚁金服基于经济与环境均衡发展的理念，基于碳账户的概念设计推出的一款公益行动。蚂蚁金服也因蚂蚁森林多次获得外界的赞誉，并获得联合国环保领域的最高奖项——地球卫士奖。蚂蚁森林的主要运营模式是"互联网＋绿色金融＋公益"，即通过借助支付宝积累的数亿客户群，为每个人建立碳账户，将绿色行为转变为实际的碳减排，将碳金融与个人相连接。用户可以通过行走步数、地铁购票、骑行共享单车、线下支付（无纸化支付）、开具电子发票等低碳行为开始减排积攒能量，积攒的能量可以换取电子树木，这实际上就是蚂蚁森林用树木换取用户实现的减排量的行为。蚂蚁金融则与基金会联合，将碳减排量实现碳金融换取利益，同时，种植的树木由于植物自身的光合作用还会形成碳减排，带来双重收益。总体来说，蚂蚁森林将个体碳账户汇集到总体，集中后形成巨大的绿色环保力量，将个体行为放大到集体行为，同时又实现了商业盈利，可谓"双赢"。

2.2 我国绿色金融特征分析

2.2.1 绿色金融政策环境不断优化

为了适应全球实施绿色信贷的前进步伐，国家发改委、中央银行和银监会于2004年联合下发《关于进一步加强产业政策和信贷政策配合控制信贷风险有关问题的通知》，并指出信贷支持政策应与环境保护挂钩。2005年国务院又制定《关于落实科学发展观加强环境保护的决定》，明确要求各信贷机构应该终止对生产链与环境不友好的项目和公司发放贷款。为了鼓励和推动绿色项目的进程，中央银行等部门于2009年联合印发《关于进一步做好金融服务支持重点产业调整振兴和抑制部分行业产能过剩的指导意见》，标志着我国正式拉开绿色信贷建设的序幕。随后，银监会于2012年出台《绿色信贷指引》，以此优化与调整信贷的结构，在一定程度上化解金融风险，有利于转变经济发展与增长的方式。党的十八大以来，我国于2015年制定《生态文明体制改革总体方案》，将建立绿色金融体系纳入国家战略之中。“十三五”规划纲要提出，实施绿色金融发展战略，以促进我国绿色金融发展。2016 年 8 月我国出台《关于构建绿色金融体系的指导意见》，意味着我国政府将绿色金融正式上升为国家发展战略。2017 年的两会上，绿色金融正式出现在《政府工作报告》中，并明确提出要大力发展绿色金融。2019 年 11 月，我国出台《坚持和完善中国特色社会主义制度推进国家治理体系和治理能力现代化若干重大问题的决定》，指出应完善绿色生产和消费的法律制度和政策导向，发展绿色金融，推进市场导向的绿色技术创新，更自觉地推动绿色循环低碳发展。2020 年 1 月，我国出台《中国银保监会关于推动银行业和保险业高质量发展的指导意见》，鼓励银行业金融机构通过设立绿色金融事业部、绿色分（支）行等方式，提升绿色金融专业服务能力和风险防控能力。2020 年 5 月，我国出台《营造更好发展环境支持民营节能环保企业健康发展的实施意见》，鼓励金融机构将环境、社会、治理要求纳入业务流程，提升对民营节能环保企业的绿色金融专业服务水平，大力发展绿色融资。2020 年 11 月，我国出台《国民经济和社会发展第十四个五年规划和二〇三五年远景目标的建议》，强调强化绿色发展的法律和政策保障，发展绿色金融，支持绿色技术创新，推进清洁生产，发展环保产业，推进重点行业和重要领域绿色化改造。2021 年 2 月，我国出台《关于加快建立健全绿色低碳循环发展经济体系的指导意见》，明确要求强化法律法规支撑，健全绿色收费价格机制，加大财税扶持力度，大力发展绿色金融，完善绿色标准、绿色认证体系和统计监测制度，培育绿色交易市场机制。

2.2.2　绿色金融总量持续扩张

我国绿色金融产品工具和市场体系不断丰富。目前，我国已形成包括绿色信贷、绿色债券、绿色保险、绿色基金、绿色信托、碳金融产品等多层次绿色金融产品和市场体系，为绿色项目提供了多元化的融资渠道，服务绿色低碳发展的效率不断提升。截至 2020 年末，我国本外币绿色贷款余额达 11.95 万亿元，存量规模居全球第一；绿色债券存量规模达 8 132 亿元，居世界第二。绿色金融资产质量整体良好,绿色贷款不良率远低于全国商业银行不良贷款率,绿色债券无违约案例。

绿色金融市场以绿色信贷为主。在绿色信贷政策方面,我国金融机构主要通过提升信贷比例和规模给予支持,而“两高一资”的行业却难以得到绿色信贷的支持,其贷款比例和规模处于下降趋势,这就有利于银行不断优化贷款结构。绿色债券发展起步较晚,但增长迅速。为了支持绿色金融的发展,我国央行于2015年正式发行绿色债券,这标志着我国监管部门从政策指引方面引导绿色金融健康发展。随后,我国“贴标”绿色债券得到了快速发展,并在一定程度上改变了世界金融体系的格局。

绿色保险制度基本建立。绿色保险制度也是我国绿色金融发展所取得的重要成就之一。2008年,生态环境部印发《关于环境污染责任保险工作的指导意见》,将生态环境保护理念正式纳入保险业,这表明我国开始建立绿色保险制度。随后,我国于2015年重新修订《环保法》,进一步强化企业的环境保护责任,并逐步明确企业在经营过程中所应当承担的环境责任,要求企业依据经营活动对环境所带来的影响,缴纳环境污染责任险等。这一法律条文,在一定程度上推动了绿色经济的发展与转型。

2.2.3 商业银行不断重视绿色金融发展

商业银行是我国发展绿色金融的重点领域,而绿色信贷业务又是绿色金融发展的重点,这必然要求银行丰富绿色金融产品种类,并积极推广绿色金融产品。

以兴业银行为例,兴业银行于2006年率先推出了绿色信贷业务——节能减排的贷款业务,而后又以“赤道原则”为指导思想,进一步优化绿色信贷业务。交通银行为了推进绿色金融的发展,将信用贷款业务与节能环保进行有效融合,并于2008年开始实施绿色信用信贷业务。在绿色信贷体系建设方面,浦发银行于2012年首先建成国内最全面的绿色金融产品体系。浦发银行、兴业银行于2016年分别获准500亿元绿色金融债券发行额度,先后以簿记建档方式在境内银行间市场完成200亿元和100亿元的首期发行，并获得国内大型银行、全国性中小股份制商业银行、证券、基金、保险公司的超额认购，进而实现国内绿色金融债券产品的正式落地。

2.2.4 区域发展不均衡

我国区域发展不平衡问题由来已久，东南沿海地区经济发展迅速，而西部地区经济发展持续落后，只能不断接受东南沿海地区的产业转移，在绿色金融发展方面也存在这种问题。目前，我国兴业银行、湖州银行、江苏银行等金融机构均加入“赤道原则”。在发行绿色金融债的地方金融机构中，大部分金融机构集中于浙江、江苏等地，青海、山西、陕西等地方金融机构鲜有发行，充分反映我国绿色金融区域发展不平衡。

2.2.5 绿色金融主体之间信息沟通不畅

商业银行是发展绿色金融业务过程中的主要开展者，主要负责响应国家政策的号召，推出新型绿色金融产品，面向海外、企业、社会大众发行，逐渐转变社会各界的发展理念，培养环保意识。“一行三会”[①]是开展绿色金融业务过程中的政策制定者与监督者，根据我国国情制定绿色金融业务绩效评价准则、绿色金融业务涉及行业目录以及绿色金融业务发展指引。环保部门应配合金融机构以及监管部门，利用数字时代大数据，及时将信息做到互通有无。在商业银行、监管部门、环保部门将信息披露之后，社会大众应进行监督，发挥好舆论的作用。

但我国目前在发展过程中存在“一行三会”、商业银行、环保部门信息沟通不及时的问题。环保部门无法将企业信息传递给金融机构，导致金融机构在项目审核过程中无法做出正确决策；环保部门无法将信息传递给“一行三会”，导致“一行

① “一行三会”指中国人民银行、中国银行业监督管理委员会、中国证券监督管理委员会和中国保险监督管理委员会。

三会”无法将商业银行与环保部门信息匹配，监督商业银行绿色金融开展情况。在商业银行内部之间也存在沟通渠道不畅问题，国有四大行以及各股份制银行之间对绿色金融信息披露情况不一，无法做出横向对比，同一银行不同年度之间所披露信息也存在披露内容不规范的情况。

3　绿色金融影响资金流向的情况

自 2015 年起我国出台了大量的绿色金融政策，因此关于我国的资金流向情况也以 2015 年为起点进行分析。

3.1　按行业分类的资金流向情况

3.1.1　总体情况

2015—2020 年，各行业的区间资金净流入量合计均为负（见表 27），说明近几年的股票市场一直处于相对低迷的状态。其中，制造业的区间资金净流出量最大，为 15 371.826 6 亿股。除了受到股票市场的影响外，制造业等企业同样会受到绿色金融政策的影响。这是由于制造业中多为“两高”企业，高污染、高排放会严重阻碍生态环境的建设，而绿色金融政策是鼓励企业发展绿色项目、引导投资者向绿色领域投资的一项政策，绿色金融政策的出台会给市场释放对污染类行业不利的信号，投资者也会随之改变投资方向。采矿业、建筑业、电力热力燃气及水生产和供应业的区间资金净流出量分别达到 1 053 亿股、1 015 亿股和 1 178 亿股，虽远不及制造业的资金净流出量，但相较于租赁业、科学研究等领域来说，其区间资金净流出量也相对较高，原因同制造业类似，其均存在大量“两高”企业，同样也受到绿色金融政策的影响。

表 27　　**2015—2020 年各行业的区间资金净流入量合计**　　单位:亿股

行　业	区间资金净流入量合计
农、林、牧、渔业	−365.673 0
采矿业	−1 053.101 5
制造业	−15 371.826 6
电力、热力、燃气及水生产和供应业	−1 178.053 0
建筑业	−1 015.014 4
批发和零售业	−1 184.378 1
交通运输、仓储和邮政业	−1 081.352 1
住宿和餐饮业	−48.039 1
信息传输、软件和信息技术服务业	−2 185.243 5
金融业	−1 780.483 7
房地产业	−1 263.675 8
租赁和商务服务业	−461.624 7
科学研究和技术服务业	−134.170 3
水利、环境和公共设施管理业	−322.113 3
居民服务、修理和其他服务业	−1.455 4
教育	−22.782 7
卫生和社会工作	−54.206 8
文化、体育和娱乐业	−348.190 0
综合	−163.171 0

资料来源:Wind 数据库。

市场中的投资者主要分为机构投资者、大户投资者、中户投资者和散户投资者。由于信息的不对称性、可投资金的有限程度与对新信息的接收程度不同等原因,不同类型的投资者所做出的反应也有所不同。2015—2020 年各行业不同投资者类型的买入与卖出量统计结果,见表 28。

表 28　　2015—2020 年各行业不同类型投资者的买入、卖出成交量　　单位:亿股

	买入成交量				卖出成交量			
	机构	大户	中户	散户	机构	大户	中户	散户
科学研究和技术服务业	217.018 0	682.048 8	1 060.079 2	917.258 5	230.363 1	758.988 9	1 067.887 7	818.358 6
水利、环境和公共设施管理业	557.252 2	1 685.073 6	2 409.993 4	2 114.598 4	622.838 7	1 857.249 4	2 398.412 0	1 887.494 3
房地产业	4 263.068 8	8 672.916 0	10 463.108 4	9 160.541 2	4 625.890 3	9 250.707 6	10 373.166 8	8 305.320 6
租赁和商务服务业	1 116.865 0	2 572.303 6	3 380.615 0	2 998.340 9	1 236.478 8	2 815.819 4	3 362.208 0	2 652.759 6
居民服务、修理和其他服务业	0.994 2	3.967 7	8.672 6	8.447 8	0.887 1	4.485 3	9.010 4	7.699 4
文化、体育和娱乐业	801.294 8	2 139.401 4	2 821.671 2	2 384.522 6	884.478 5	2 326.364 4	2 802.449 9	2 132.239 9
综合	341.221 4	887.841 2	1 164.826 2	971.797 8	392.752 2	964.264 7	1 144.312 5	863.612 7
教育	58.750 4	164.658 6	235.051 4	211.501 5	63.766 3	181.707 9	235.361 7	188.959 8
卫生和社会工作	167.856 7	430.873 2	550.236 6	444.463 4	179.158 6	468.726 3	548.854 6	396.534 5
金融业	17 313.519 5	19 839.921 2	20 662.296 9	15 805.912 3	18 023.937 4	20 818.572 7	20 389.343 8	14 380.928 9
制造业	42 376.835 7	95 040.187 2	126 756.599 1	113 253.406 7	46 605.999 0	103 495.687 2	126 426.784 4	100 851.362 2
电力、热力、燃气及水生产和供应业	3 040.302 3	6 285.169 9	8 700.941 2	8 778.190 5	3 379.731 5	6 785.278 6	8 655.045 4	7 983.372 5
农、林、牧、渔业	858.749 4	2 232.005 3	3 049.697 1	2 741.096 0	960.729 5	2 444.330 6	3 046.966 5	2 429.413 0
采矿业	4 683.460 0	8 203.662 9	9 516.026 0	8 427.495 5	5 125.440 3	8 669.205 9	9 403.041 4	7 628.574 5
建筑业	3 585.418 5	6 083.866 4	7 908.584 9	7 247.708 2	3 889.195 1	6 524.122 0	7 874.433 6	6 535.174 7
住宿和餐饮业	71.982 9	231.683 9	381.756 5	384.215 1	75.398 2	257.848 0	386.678 9	349.561 6
信息传输、软件和信息技术服务业	5 829.293 7	13 108.789 8	17 011.889 5	14 342.384 3	6 480.583 1	14 359.048 1	16 897.763 6	12 548.869 7
批发和零售业	2 563.586 3	6 421.287 7	8 804.871 5	7 916.792 5	2 851.248 4	7 010.991 5	8 774.553 3	7 064.818 0
交通运输、仓储和邮政业	3 342.731 9	6 632.560 3	8 544.122 1	8 480.083 1	3 657.628 1	7 097.443 8	8 522.723 4	7 721.059 0

资料来源:Wind 数据库。

从表 28 中不难看出,不同类型的投资者买入、卖出成交量最多的是制造业股票,其中,中户投资者买入成交量与卖出成交量最多,分别是 126 757 亿股和 126 427 亿股。这与我国是制造业大国有一定的关系,制造类上市企业个数多、基盘大、成交量也相对较多。在不同类型的投资者中,金融业的机构投资者买入、卖出成交量与其他三种类型投资者的成交量差距较小，机构投资者的买入成交量17 314 亿股略高于散户投资者的买入成交量 15 806 亿股，卖出成交量 18 024 亿股也略高于散户投资者卖出成交量 14 381 亿股；而其他行业则是机构类投资者成交量最少，另三种类型投资者的成交量是机构类投资者成交量的 2～3 倍。金融业与其他行业出现恰恰相反情况的原因在于机构投资者本身就是金融机构，相比其他投资者更了解金融业，在构成投资组合时往往会加入金融类股票分担风险。

无论是买入成交量还是卖出成交量，中户投资者的投资量最多，其次是大户和散户投资者，机构投资者的投资量最少。一个新政策的出台，往往机构投资者最先接收到消息且动作最快，但买卖的频率较低；大户投资者对信息的接收程度虽不及机构投资者，但比中户和散户投资者更敏感，其拥有的资金量相对充足，进出场的频次也较高；中户投资者主要由收入中等偏上的投资者组成，基数较大，且拥有一定的资金量和专业知识素养；散户投资者由于信息不对称，又对信息不够敏感，虽然拥有一定的资金量，但由于没有相对专业的知识素养，更容易出现羊群效应。因此，在后续分析时采用大户投资者数据对各行业进行进一步统计分析。

2015—2020 年各行业不同类型的净买入量，见表 29。

表 29　　2015—2020 年各行业不同类型的净买入成交量　　单位：亿股

	机构	大户	中户	散户
科学研究和技术服务业	−13.345 0	−76.940 1	−7.808 5	98.899 9
水利、环境和公共设施管理业	−65.586 5	−172.175 8	11.581 4	227.104 1
房地产业	−362.821 5	−577.791 6	89.941 6	855.220 5
租赁和商务服务业	−119.613 8	−243.515 8	18.407 0	345.581 3
居民服务、修理和其他服务业	0.107 1	−0.517 6	−0.337 8	0.748 3
文化、体育和娱乐业	−83.183 7	−186.963 0	19.221 3	252.282 6
综合	−51.530 8	−76.423 4	20.513 7	108.185 1
教育	−5.015 9	−17.049 2	−0.310 4	22.541 6
卫生和社会工作	−11.301 9	−37.853 1	1.381 9	47.929 0
金融业	−710.417 9	−978.651 4	272.953 1	1 424.983 4

续表

	机构	大户	中户	散户
制造业	−4 229.163 3	−8 455.499 9	329.814 7	12 402.044 5
电力、热力、燃气及水生产和供应业	−339.429 1	−500.108 7	45.895 8	794.818 0
农、林、牧、渔业	−101.980 1	−212.325 3	2.730 7	311.683 0
采矿业	−441.980 3	−465.543 0	112.984 5	798.921 0
建筑业	−303.776 6	−440.255 6	34.151 3	712.533 5
住宿和餐饮业	−3.415 3	−26.164 1	−4.922 3	34.653 5
信息传输、软件和信息技术服务业	−651.289 4	−1 250.258 3	114.125 8	1 793.514 6
批发和零售业	−287.662 1	−589.703 8	30.318 2	851.974 5
交通运输、仓储和邮政业	−314.896 2	−464.883 5	21.398 6	759.024 1

资料来源：根据 Wind 数据库整理。

从表 29 中不难发现，机构投资者和大户投资者类型下，除个别行业外，均为净卖出量，即买入成交量小于卖出成交量；而中户投资者和散户投资者类型则多为净买入量，即买入成交量大于卖出成交量，这种相反的情况反映小规模投资者对整体的股票市场较为乐观。从数值上看，制造业的净卖出量最高，其中大户投资者的净卖出量高达 8 455 亿股。散户投资者的净买入成交量远远高于中户投资者，其中居民服务修理业相差最小为 2 倍，农、林、牧、渔业相差最大为 114 倍。

3.1.2　农、林、牧、渔业

农、林、牧、渔业大户投资者相关数据，如表 30 所示。

表 30　　**2015—2020 年农、林、牧、渔业大户投资者相关数据**　　单位：亿股

	2015 年	2016 年	2017 年	2018 年	2019 年	2020 年
买入成交量	456.550 1	351.705 0	256.279 6	257.182 2	429.608 7	620.205 0
卖出成交量	482.822 2	380.790 4	279.732 3	286.219 8	476.060 9	693.988 9
净买入成交量	−26.272 1	−29.085 4	−23.452 7	−29.037 6	−46.452 2	−73.783 9

资料来源：根据 Wind 数据库整理。

从表 30 可以看出，农、林、牧、渔业的买入和卖出成交量在 2016—2017 年有短暂的下滑(2017 年买入、卖出成交量最低，为 256 亿股、279 亿股)，随后又逐渐上升(2020 年买入、卖出成交额分别达 620 亿股、693 亿股)。2017—2020 年，虽然买入成交量和卖出成交量均逐渐上涨，但净买入成交量为负，且不断减小，体现为卖出成交量逐年高于买入成交量，如图 9 所示。

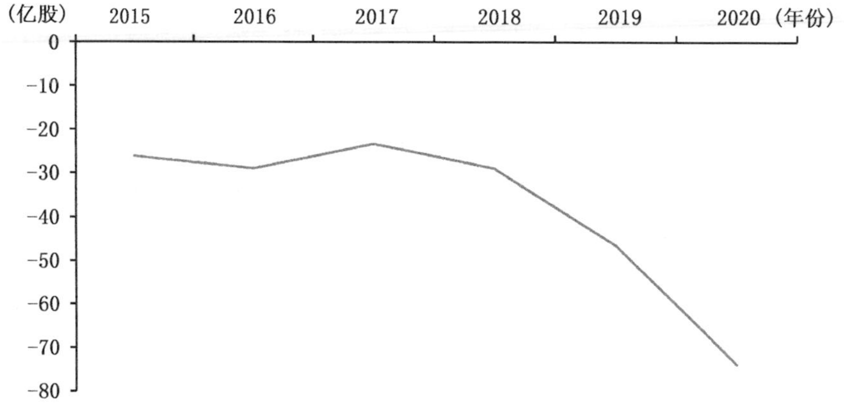

资料来源：根据 Wind 数据库整理。

图 9　2015—2020 年农、林、牧、渔业的净买入成交量合计

绿色金融政策引导农、林、牧、渔业绿色发展是由于该行业是重要的碳来源地，绿色发展是达到“碳中和”的必经之路。

3.1.3　制造业，采矿业，电力、热力、燃气及水生产和供应业

2015—2020 年制造业，采矿业，电力、热力、燃气及水生产和供应业大户投资者相关数据，见表 31。

表 31　2015—2020 年制造业，采矿业，电力、热力、燃气及水生产和供应业大户投资者相关数据

单位：亿股

		2015 年	2016 年	2017 年	2018 年	2019 年	2020 年
采矿业	买入成交量	2 057.763 5	1 318.076 3	1 259.264 0	1 099.945 5	1 241.395 0	1 570.837 2
	卖出成交量	2 159.552 4	1 393.550 4	1 319.660 8	1 175.077 3	1 332.652 3	1 655.160 6
	净买入成交量	−101.788 9	−75.474 2	−60.396 8	−75.131 7	−91.257 3	−84.323 5
制造业	买入成交量	18 716.102 6	13 953.112 3	12 887.744 9	10 568.778 6	17 134.423 7	23 815.737 1
	卖出成交量	19 955.496 2	15 068.970 0	13 913.887 7	11 740.968 9	18 987.364 3	26 084.972 0
	净买入成交量	−1 239.393 6	−1 115.857 7	−1 026.142 8	−1 172.190 3	−1 852.940 6	−2 269.234 9
电力、热力、燃气及水生产和供应业	买入成交量	2 028.495 9	897.987 8	854.446 0	528.956 3	753.416 9	990.835 0
	卖出成交量	2 153.920 2	962.192 0	920.207 2	590.525 8	833.554 2	1 077.305 8
	净买入成交量	−125.424 3	−64.204 2	−65.761 3	−61.569 5	−80.137 3	−86.470 8

资料来源：根据 Wind 数据库整理。

采矿业，制造业，电力、热力、燃气及水生产和供应业的买入和卖出成交量，从 2016 年开始下滑，至 2018 年后开始反弹。其中，采矿业，电力、热力、燃气及水生产和供应业 2020 年的买入、卖出成交量并没有反弹回 2015 年的水平，这说明绿色金融政策在抑制“两高”企业发展的过程中发挥了一定的作用。从净买入成交量来看，虽然相关行业净买入成交量在不断波动，但买入成交量依旧小于卖出成交量，体现为净卖出成交量如图 10、图 11 与图 12 所示。制造业，电力、热力、燃气及水生产和供应业 2020 年净买入成交量下降幅度有所减缓，说明绿色金融政策引导企业引进绿色项目等工作有了初步的成效。

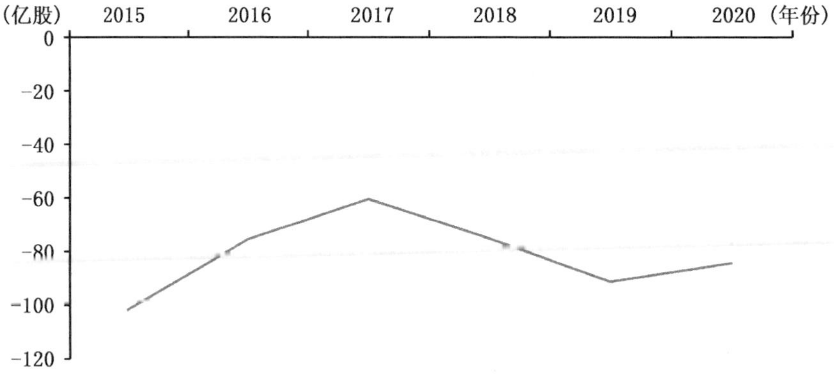

资料来源:根据 Wind 数据库整理。

图 10　2015—2020 年采矿业的净买入成交量合计

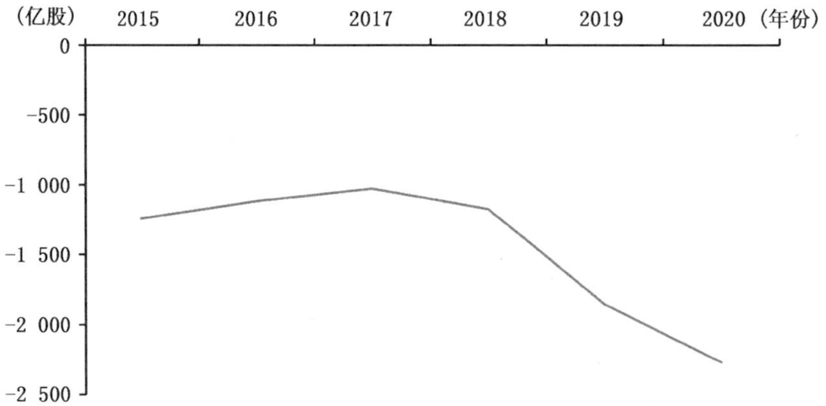

资料来源:根据 Wind 数据库整理。

图 11　2015—2020 年制造业的净买入成交量合计

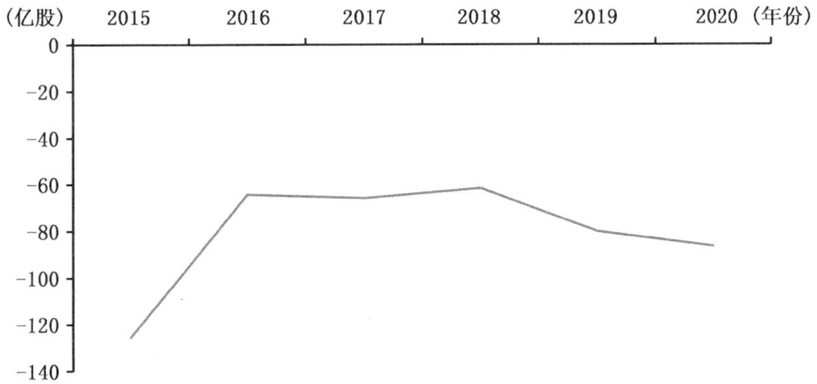

资料来源:根据 Wind 数据库整理。

图 12 2015—2020 年电力、热力、燃气及水生产和供应业的净买入成交量合计

3.1.4 建筑业和房地产业

我国设定的 2030 年的节能减排目标是 2030 年碳达峰,并且单位国内生产总值二氧化碳的排放要比 2005 年下降 60%～65%。目前我国的建筑业与房地产业消耗近 40%的社会总耗能,根据世界银行的预计,2030 年要想达到目标,绿色地产和建筑有非常大的潜力。从房地产企业的资产负债率可看出,绿色金融特别是绿色债券与绿色地产和建筑密切相关。

表 32 是 2015—2020 年建筑业与房地产业大户投资者的买入、卖出成交量和净买入成交量统计数据。从中可以看出,建筑业与房地产业买入、卖出成交量时有波动,2018 年开始缓慢上涨,至 2020 年,建筑业的买入、卖出成交量分别是 1 066 亿股和 1 144 亿股,房地产业的买入、卖出成交量分别是 1 436 亿股和 1 534 亿股,均未超过 2015 年的值。从图 13 和图 14 可以很直观地看出,虽然整体上建筑业与房地产业均为净卖出成交量,但有资金回流的趋势,这与 2015 年开始出台一系列绿色金融政策脱不开关系。

表 32　　2015—2020 年建筑业与房地产业大户投资者相关数据　　单位:亿股

		2015 年	2016 年	2017 年	2018 年	2019 年	2020 年
建筑业	买入成交量	1 835.780 2	1 091.863 6	1 108.131 8	590.968 8	827.951 2	1 066.447 1
	卖出成交量	1 950.920 7	1 170.766 0	1 190.481 0	648.828 8	899.750 3	1 144.219 0
	净买入成交量	−115.140 6	−78.902 4	−82.349 2	−57.860 0	−71.799 2	−77.772 0
房地产业	买入成交量	2 492.345 8	1 600.319 5	1 133.539 5	1 029.621 9	1 247.181 6	1 435.614 8
	卖出成交量	2 641.709 1	1 693.296 0	1 209.982 7	1 105.231 4	1 350.039 0	1 534.347 0
	净买入成交量	−149.363 3	−92.976 5	−76.443 2	−75.609 5	−102.857 4	−98.732 2

资料来源:根据 Wind 数据库整理。

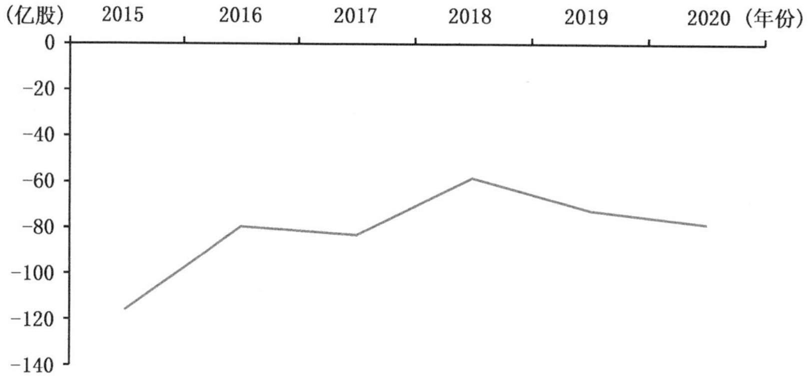

资料来源:根据 Wind 数据库整理。

图 13　2015—2020 年建筑业的净买入成交量合计

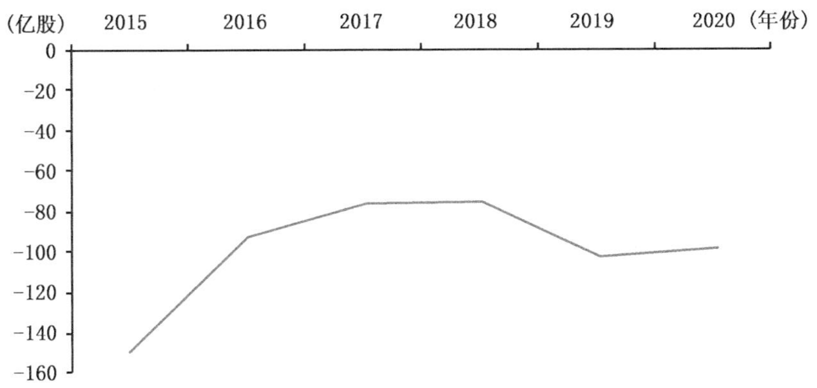

资料来源:根据 Wind 数据库整理。

图 14 2015—2020 年房地产业的净买入成交量合计

3.1.5 交通运输、仓储和邮政业

交通运输是碳排放的主要来源之一。在深化生态环境建设的过程中,必不可少地要发展绿色交通、仓储和邮政业的绿色发展体系,不少地区开始用合同能源管理模式引导交通运输等企业节能减排。通过中国人民银行与相关研究院对各行业绿色贷款的数据统计来看,2018—2020 年,我国对交通运输、仓储和邮政业的绿色贷款余额占总绿色贷款余额的比例保持在 30%以上。这说明在绿色金融的背景下,各大银行对交通运输、仓储和邮政业绿色发展较看好,这也为市场释放出了积极的信号。

2015—2020 年交通运输、仓储和邮政业大户投资者相关数据,见表 33。从中可以看出,除 2019 年外,交通运输、仓储和邮政业的净买入成交量有不同程度的增长,其中 2018 年该行业的净卖出成交量仅有 52 亿股,是 2015 年净卖出成交量的一半(见图 15)。这也说明投资者对交通运输、仓储和邮政业的绿色发展是有一定信心的。

表 33　　2015—2020 年交通运输、仓储和邮政业大户投资者相关数据　　单位:亿股

		2015 年	2016 年	2017 年	2018 年	2019 年	2020 年
交通运输、仓储和邮政业	买入成交量	1 944.590 9	948.917 3	1 031.013 7	638.226 6	923.481 0	1 180.756 2
	卖出成交量	2 062.698 2	1 012.371 7	1 089.657 7	690.211 9	1 010.399 7	1 265.085 5
	净买入成交量	−118.107 3	−63.454 4	−58.644 0	−51.985 4	−86.918 7	−84.329 3

资料来源:根据 Wind 数据库整理。

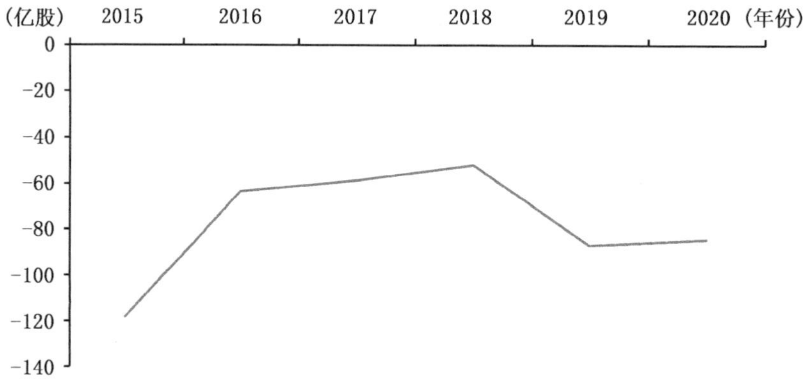

资料来源:根据 Wind 数据库整理。

图 15　2015—2020 年交通运输、仓储和邮政业的净买入成交量合计

3.2　按区域分类的资金流向情况

3.2.1　总体情况

2015—2020 年各区域资金净流入量合计,如表 34 所示。从中不难发现各省的资金净流入量合计均为负值,即区间流出量大于区间流入量,这与股票市场的整体环境有一定关联。各区划资金净流入量合计较多的是华北地区、华东地区与华南地区,资金净流出量分别为 5 460 亿股、10 817 亿股、4 741 亿股,华南地区虽然只有三个省份,但与华北地区不相上下。华北地区主要由北京带动,其资金净

流出量为 3 489 亿股，是该区划中其他省份的 5～8 倍；华东地区主要由江、浙、沪三地带动，其资金净流出量均在 2 000 亿股以上；华南地区主要由广东带动，其资金净流出量为 4 086 亿股，占华南地区总资金净流出量的 86%。北京、上海、浙江、江苏、广东是我国经济发展的重要省份，也是多数政策出台的试行地，这些地区拥有一流的金融发展环境，拥有较完备的金融市场平台，也建立了与金融相关的基础设施，为绿色金融的发展提供了更广阔的舞台和更有利的保障。

表 34　　2015—2020 年各区域资金净流入量合计　　单位：亿股

区　划	省　份	各省资金净流入量合计	各区划资金净流入量合计
华北	北京	−3 489.476 7	−5 459.9737（平均到省份为 −1 091.994 7）
	天津	−468.110 8	
	河北	−671.471 8	
	山西	−459.373 4	
	内蒙古	−371.541 1	
东北	黑龙江	−362.289 5	−1 336.243 6（平均到省份为 −445.414 5）
	吉林	−363.116 2	
	辽宁	−610.837 9	
华东	上海	−2 100.010 0	−10 817.379 9（平均到省份为 −1 545.340 0）
	江苏	−2 653.089 6	
	浙江	−2 520.207 8	
	安徽	−859.691 1	
	福建	−914.132 3	
	江西	−322.757 5	
	山东	−1 447.491 6	
华中	河南	−723.514 3	−2 212.582 7（平均到省份为 −737.527 6）
	湖北	−728.807 0	
	湖南	−760.261 4	

续表

区 划	省 份	各省资金净流入量合计	各区划资金净流入量合计
华南	广东	−4 086.002 2	−4 740.747 9（平均到省份为−1 580.249 3）
	广西	−272.504 4	
	海南	−382.241 3	
西南	重庆	−397.953 8	−1 953.265 3（平均到省份为−390.653 1）
	四川	−961.941 3	
	贵州	−199.895 3	
	云南	−299.692 8	
	西藏	−93.782 2	
西北	陕西	−422.661 8	−1 514.361 7（平均到省份为−302.872 3）
	甘肃	−368.569 9	
	青海	−95.350 2	
	宁夏	−128.398 2	
	新疆	−499.381 6	

资料来源：Wind 数据库。

2015—2020 年各区域不同投资者类型的买入与卖出量统计结果，见表 35。从中不难看出，不同类型的投资者买入、卖出成交量相对较多的是北京与广东，苏浙沪地区紧随其后。其中，中户投资者买入成交量与卖出成交量最多，北京地区分别是 33 414 亿股和 33 154 亿股。在不同类型的投资者中，中户与散户投资者的买入、卖出成交量普遍高于机构和大户投资者 1～3 倍。机构投资者在不同区域所投资金的买入、卖出量中，最高者北京超出最低者宁夏 125 倍；而大户、中户和散户投资者在不同区域所投资金的买入、卖出量中，最高者超出最低者 50 倍。这说明机构投资者在投入资金时有更强的集中性。

表 35　　2015—2020 年各区域不同类型投资者的买入、卖出成交量　　单位:亿股

	买入成交量				卖出成交量			
	机构	大户	中户	散户	机构	大户	中户	散户
北京	22 407.675 8	28 961.563 6	33 413.858 1	28 670.783 3	23 737.242 9	30 620.257 2	33 153.901 6	25 932.076 1
天津	1 039.011 3	2 641.263 9	3 576.838 7	3 172.696 7	1 175.261 1	2 881.304 1	3 543.1771	2 827.360 2
河北	1 950.240 6	3 985.673 5	5 075.924 7	4 665.897 3	2 196.214 6	4 303.670 3	5 029.1378	4146.234 6
山西	1 436.599 7	3 087.502 5	3 831.999 1	3 465.165 6	1 601.730 2	3 314.141 1	3 791.9855	3 112.549 6
内蒙古	1 851.244 8	2 960.740 5	3 438.410 5	3 109.172 9	2 051.180 0	3 154.538 2	3 400.123 5	2 752.336 0
黑龙江	896.271 0	2 027.535 2	2 766.965 6	2 597.260 9	989.305 1	2 212.522 9	2 770.553 6	2 314.565 7
吉林	824.868 9	2 144.242 1	2 889.836 1	2 592.123 5	913.418 1	2 344.776 4	2 873.717 2	2 318.1721
辽宁	1 614.902 0	3 605.034 1	4 907.493 9	4 799.533 5	1 774.890 2	3 906.308 1	4 907.596 7	4 337.139 4
上海	7 560.320 0	14 325.354 7	17 979.756 5	15 771.051 5	8 199.975 1	15 385.653 8	17 855.129 4	14 182.788 5
江苏	5 881.604 2	14 447.288 9	19 921.601 8	17 850.218 0	6 420.842 6	15 872.375 2	19 930.4 961	15 868.753 1
浙江	5 803.503 9	15 056.713 0	20 430.370 0	17 819.847 9	6 471.401 9	16 433.556 5	20 323.4 389	15 870.860 7
安徽	2 336.012 3	5 353.945 0	6 968.746 3	6 408.904 8	2 602.885 3	5 795.614 2	6 930.4308	5 737.449 0
福建	3 396.379 0	6 385.512 4	8 033.228 4	7 022.094 8	3 645.842 0	6 870.669 4	8 013.4410	6 304.215 0
江西	896.855 5	2 132.955 4	2 695.077 0	2 313.176 2	984.498 0	2 310.523 5	2 676.946 2	2 064.930 9
山东	3 614.769 6	8 981.723 9	11 930.215 3	10 663.484 4	4 022.034 0	9 760.841 5	11 877.118 2	9 526.658 0
河南	1 720.841 4	4 141.143 6	5 588.153 5	5 161.626 8	1 882.666 3	4 508.350 8	5 599.383 8	4 620.185 8
湖北	1 842.491 1	4 565.273 4	6 032.546 5	5 313.469 3	2 030.154 5	4 972.382 2	6 008.439 5	4 739.515 9
湖南	1 652.786 0	4 273.010 5	5 976.391 0	5 453.561 4	1 804.839 2	4 700.458 8	5 971.231 5	4877.758 6
广东	13701.155 6	27 437.900 2	35 033.078 0	30 115.088 7	14 813.847 0	29 744.635 3	34 922.269 6	26 800.6218
广西	650.286 0	1 578.444 7	2 203.647 5	2 025.926 8	706.251 9	1 745.228 9	2 204.661 4	1 801.983 2
海南	1 079.483 1	2 242.481 6	2 854.323 4	2 642.344 0	1 212.149 0	2 420.348 1	2 826.863 2	2 358.548 2
重庆	900.604 6	2 174.076 2	2 927.597 1	2 675.635 0	1 011.191 5	2 363.000 1	2 900.970 0	2 401.9252
四川	2 471.545 5	5 659.898 1	7 454.690 5	6 640.181 8	2 733.169 8	6 158.889 2	7 413.104 0	5 919.527 2
贵州	431.038 4	1 114.777 6	1 500.714 2	1 286.407 5	484.251 0	1 216.573 0	1 481.218 1	1 149.771 2
云南	1 258.406 1	2 374.100 3	2 868.714 9	2 582.408 7	1 392.899 7	2 533.344 7	2 832.221 1	2 324.549 4
西藏	238.193 0	599.313 1	825.964 3	745.212 0	268.798 0	651.982 5	820.215 8	666.913 3
陕西	1 158.202 8	2 698.228 4	3 526.879 8	3 075.712 1	1 267.515 3	2 948.446 4	3 514.632 4	2 726.876 3
甘肃	995.438 0	2 271.490 3	3 029.014 8	2 799.583 8	1 128.952 3	2 472.743 5	3 019.470 8	2 472.611 6
青海	206.699 5	547.792 8	722.767 1	614.765 7	233.570 6	593.501 2	715.683 8	548.706 9
宁夏	171.444 5	504.611 4	792.712 2	734.642 2	189.261 8	574.917 1	794.709 6	644.133 7
新疆	1 201.327 4	3 038.628 1	4 233.521 8	3 800.778 9	1 340.265 3	3 319.288 1	4 216.729 9	3 396.396 5

资料来源:Wind 数据库。

2015—2020年各区域不同类型的净买入量，见表36。从中可以看出，不同类型的投资者情况与各行业不同类型的净买入量情况类似，机构投资者和大户投资者类型均为净卖出量。从数值上看，北京的净卖出量依旧最高，其中大户投资者的净卖出量高达1 658亿股；宁夏的净卖出量最低，其中机构投资者的净卖出量仅为18亿股。而中户投资者和散户投资者类型则多为净买入量，且散户投资者的净买入成交量远远高于中户投资者的净买入成交量，其中辽宁相差最大为近4 500倍，云南相差最小为7倍。

表36　　2015—2020年各区域不同类型投资者的净买入成交量　　单位:亿股

	机　构	大　户	中　户	散　户
北京	−1 329.567 1	−1 658.693 6	259.956 5	2 738.707 3
天津	−136.249 8	−240.040 2	33.661 6	345.336 5
河北	−245.974 0	−317.996 8	46.786 9	519.662 7
山西	−165.130 5	−226.638 5	40.013 6	352.616 0
内蒙古	−199.935 2	−193.797 6	38.287 1	356.836 9
黑龙江	−93.034 1	−184.987 7	−3.588 0	282.695 2
吉林	−88.549 2	−200.534 4	16.118 9	273.951 4
辽宁	−159.988 2	−301.274 0	−0.102 8	462.394 1
上海	−639.655 2	−1 060.299 2	124.627 1	1 588.263 0
江苏	−539.238 4	−1 425.086 3	−8.894 3	1 981.464 9
浙江	−667.897 9	−1 376.843 5	106.931 1	1 948.987 2
安徽	−266.873 0	−441.669 2	38.315 5	671.455 7
福建	−249.463 1	−485.157 0	19.787 4	717.879 8
江西	−87.642 5	−177.568 1	18.130 9	248.245 3
山东	−407.264 4	−779.117 6	53.097 1	1 136.826 4
河南	−161.824 9	−367.207 1	−11.230 2	541.441 0
湖北	−187.663 3	−407.108 8	24.107 0	573.953 4
湖南	−152.053 2	−427.448 3	5.159 5	575.802 8
广东	−1 112.691 4	−2 306.735 1	110.808 4	3314.466 9

续表

	机　构	大　户	中　户	散　户
广西	−55.965 9	−166.784 3	−1.013 8	223.943 7
海南	−132.665 9	−177.866 5	27.460 1	283.795 9
重庆	−110.586 9	−188.923 9	26.627 2	273.709 9
四川	−261.624 3	−498.991 1	41.586 4	720.654 6
贵州	−53.212 6	−101.795 4	19.496 2	136.636 3
云南	−134.493 7	−159.244 4	36.493 8	257.859 3
西藏	−30.604 9	−52.669 4	5.748 5	78.298 7
陕西	−109.312 5	−250.218 0	12.247 4	348.835 8
甘肃	−133.514 3	−201.253 3	9.544 0	326.972 3
青海	−26.871 0	−45.708 3	7.083 3	66.058 8
宁夏	−17.817 3	−70.305 7	−1.997 5	90.508 5
新疆	−138.937 9	−280.660 0	16.791 9	404.382 4

资料来源：根据 Wind 数据库整理。

3.2.2 北京、广东、苏浙沪地区

2020 年发布的《可持续发展蓝皮书：中国可持续发展评价报告》，从经济、社会、资源消耗、环境治理等方面对我国的大中型城市做了梳理和分析评价。报告指出，可持续发展情况较好，位列前五位的省市分别是北京、上海、浙江、江苏和广东。因此，将这 5 个省市单列进行分析。

2015—2020 年北京、广东、苏浙沪地区大户投资者买入、卖出成交量和净买入成交量数据统计，见表 37。从中可以看出，各省市的成交量都有波动，其中北京的买入、卖出成交量从 2018 年开始逐渐上涨，至 2020 年虽未达到 2015 年水平，但也达到 6 000 亿股；广东、江苏、浙江三省有增长的潜力，买入、卖出成交量虽曾跌至最高值的三分之二，但从 2018 年开始上涨，于 2020 年高于 2015 年的水平。从净买入成交量合计(图 16—图 20)可以发现，5 个省市净买入成交量最高的均是 2017 年，这从侧面反映经过绿色金融的不断发展，城市的资金都有不同程度的回流。

表 37　　2015—2020 年北京、广东、苏浙沪地区大户投资者相关数据　　单位:亿股

		2015 年	2016 年	2017 年	2018 年	2019 年	2020 年
北京	买入成交量	8 072.306 3	3 433.632 6	3 690.781 6	3 411.059 4	4 608.712 6	5 816.680 6
	卖出成交量	8 407.455 0	3 645.814 8	3 888.158 8	3 665.005 5	4 936.315 8	6 208.199 6
	净买入成交量	−335.148 7	−212.182 2	−197.377 2	−253.946 1	−327.603 3	−391.519 0
广东	买入成交量	5 310.252 7	3 610.873 4	3 221.461 6	3 260.377 9	5 257.719 4	6 999.883 4
	卖出成交量	5 601.983 5	3 891.220 4	3 480.300 8	3 590.834 7	5 786.976 5	7 633.688 9
	净买入成交量	−291.730 7	−280.347 0	−258.839 2	−330.456 8	−529.257 1	−633.805 6
上海	买入成交量	4 077.185 5	2 120.078 1	1 726.717 3	1 533.214 9	2 399.937 3	3 116.553 5
	卖出成交量	4 293.501 3	2 269.629 1	1 849.484 1	1 673.495 3	2 618.256 8	3 355.411 6
	净买入成交量	−216.315 8	−149.551 1	−122.766 8	−140.280 4	−218.319 4	−238.858 1
江苏	买入成交量	2 555.357 6	2 061.765 7	1 761.003 9	1 616.164 1	2 843.273 7	4 060.989 0
	卖出成交量	2 730.935 5	2 237.424 8	1 929.776 0	1 797.584 8	3 185.330 0	4 493.325 7
	净买入成交量	−175.577 9	−175.659 0	−168.772 2	−181.420 7	−342.056 3	−432.336 7
浙江	买入成交量	2 789.103 3	2 232.554 7	1 740.982 3	1 618.669 8	2 837.254 3	3 928.687 4
	卖出成交量	2 984.405 5	2 414.049 8	1 892.405 7	1 816.420 4	3 143.3315	4 289.423 4
	净买入成交量	−195.302 2	−181.495 1	−151.423 4	−197.750 6	−306.077 3	−360.736 0

资料来源:根据 Wind 数据库整理。

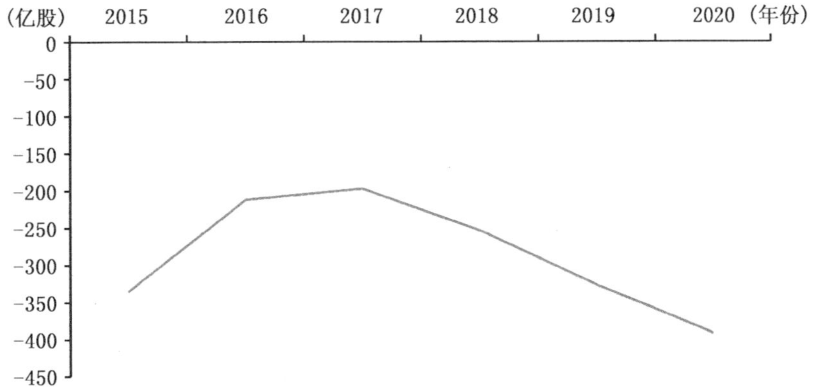

资料来源:根据 Wind 数据库整理。

图 16　2015—2020 年北京的净买入成交量合计

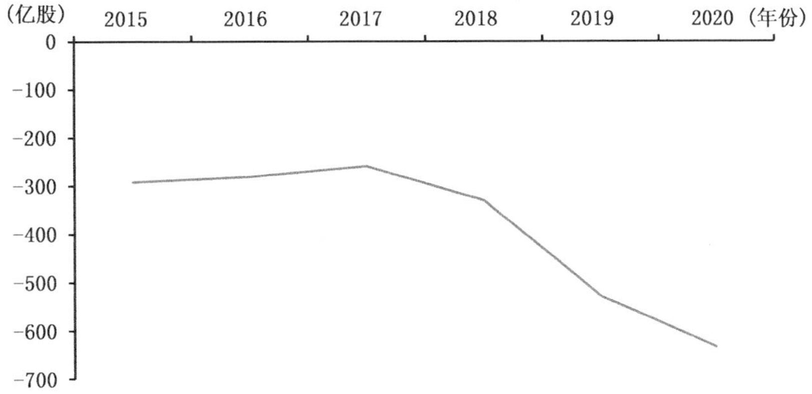

资料来源:根据 Wind 数据库整理。

图 17　2015—2020 年广东的净买入成交量合计

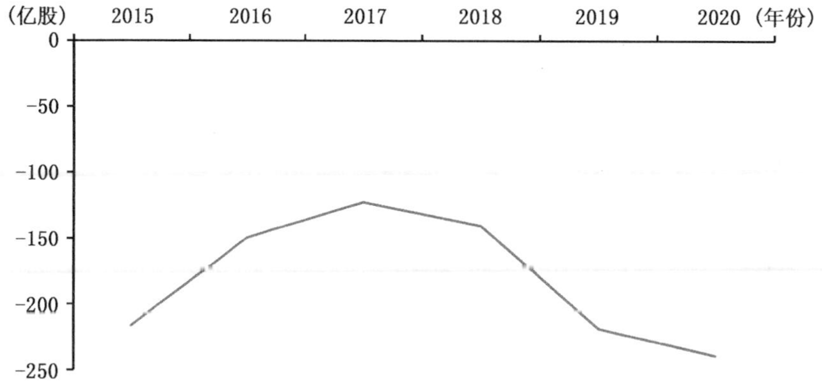

资料来源:根据 Wind 数据库整理。

图 18　2015—2020 年上海的净买入成交量合计

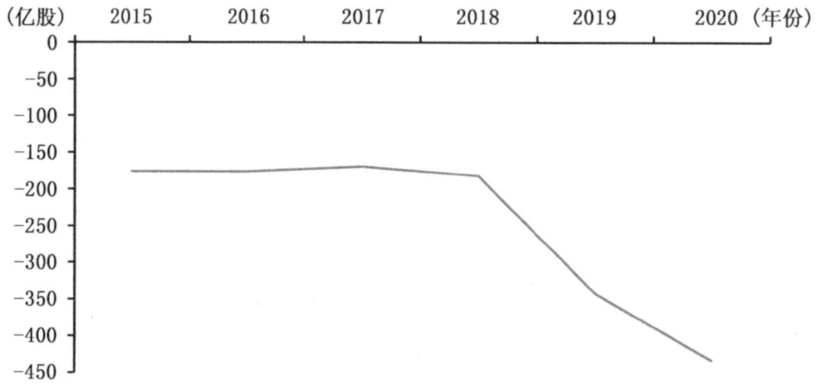

资料来源:根据 Wind 数据库整理。

图 19　2015—2020 年江苏的净买入成交量合计

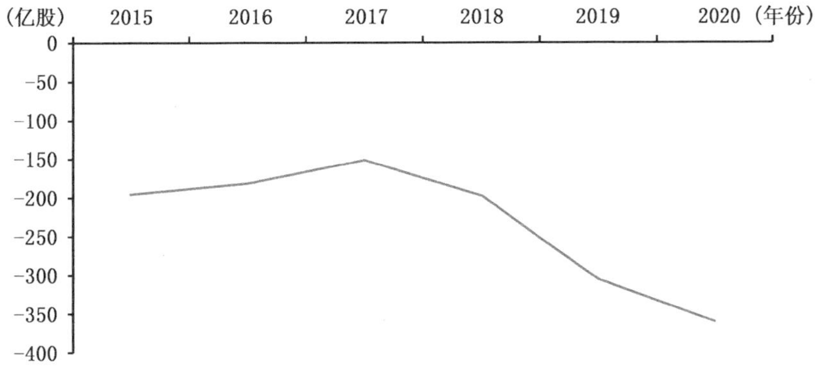

资料来源:根据 Wind 数据库整理。

图 20　2015—2020 年浙江的净买入成交量合计

3.2.3　东北三省

东北三省曾是老工业区,因技术落后、产品缺乏竞争力,极大地阻碍了新兴产业的发展。为复苏振兴东北三省经济,我国于 2016 年开启"东北振兴的'十三五'规划",希望活跃投资市场,引导发展新兴产业。2015 年是我国的绿色金融元年,大量绿色金融政策不断出台,不断刺激东北三省经济的发展。

2015—2020 年东北三省大户投资者的买入、卖出成交量和净买入成交量统计数据,见表 38。从中可以看出,辽宁的买入、卖出成交量是其他两个省的 2 倍。其中,辽宁的买入、卖出成交量从 2015 年逐渐下滑,2018 年后开始上涨,至 2020 年达到 661 亿股和 723 亿股。但从净买入成交量合计图(图 21—图 23)可以看出资金的流向趋势,不难发现 2015—2017 年东北三省的净买入成交量逐渐上涨,2019 年有所下滑,至 2020 年下滑程度有所减缓,甚至体现上涨趋势。

表 38　　**2015—2020 年东北三省人户投资者相关数据**　　单位:亿股

		2015 年	2016 年	2017 年	2018 年	2019 年	2020 年
黑龙江	买入成交量	521.844 3	340.531 0	228.890 7	170.747 1	347.082 5	388.229 8
	卖出成交量	556.615 6	365.208 0	247.813 3	193.630 3	388.790 1	426.592 9
	净买入成交量	−34.771 2	−24.677 0	−18.922 6	−22.883 2	−41.707 6	−38.363 1
吉林	买入成交量	508.278 7	358.736 4	268.933 9	216.968 5	345.026 3	422.737 8
	卖出成交量	543.762 8	384.640 5	290.013 7	244.252 3	386.374 2	469.698 7
	净买入成交量	−35.484 1	−25.904 1	−21.079 9	−27.283 8	−41.347 9	−46.960 9
辽宁	买入成交量	1 089.829 1	639.613 5	543.193 3	322.032 2	466.194 0	660.941 5
	卖出成交量	1 160.491 6	690.155 6	582.903 4	359.342 0	520.260 9	722.637 1
	净买入成交量	−70.662 4	−50.542 0	−39.710 1	−37.309 8	−54.066 8	−61.695 6

资料来源:根据 Wind 数据库整理。

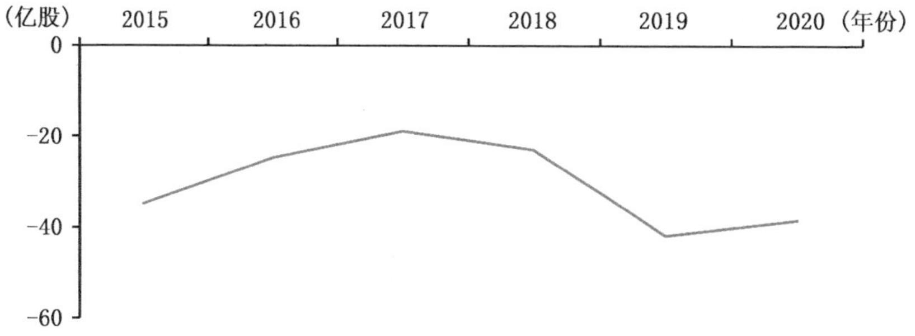

资料来源:根据 Wind 数据库整理。

图 21　2015—2020 年黑龙江的净买入成交量合计

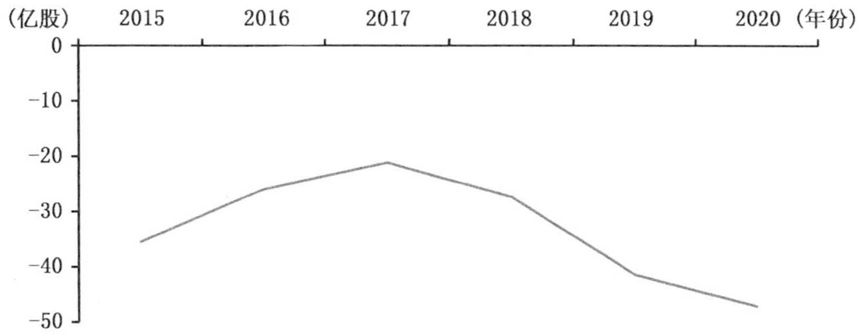

资料来源:根据 Wind 数据库整理。

图 22　2015—2020 年吉林的净买入成交量合计

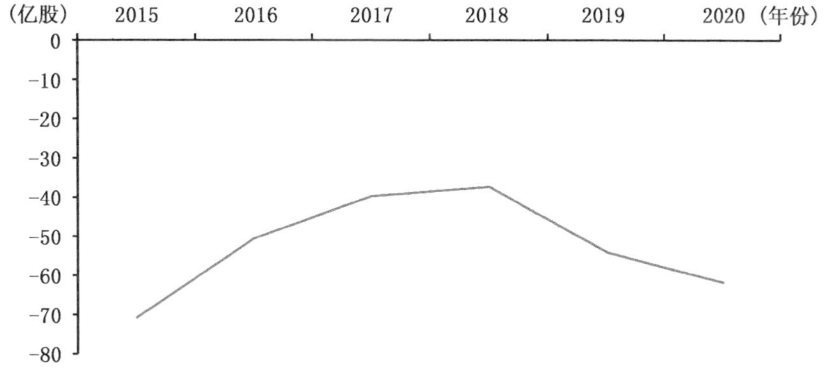

资料来源:根据 Wind 数据库整理。

图 23　2015—2020 年辽宁的净买入成交量合计

3.2.3　西部地区

我国早在 2000 年就开始实行西部大开发政策,2011—2030 年是西部大开发的加速阶段,全面升级经济产业化、生态化等布局,但目前仍滞后于华东等地区。西部地区除了自然资源等相对薄弱的原因,在经济的发展中更重要的是要形成结构完整的金融体系。西部地区整体的金融环境较差,绿色金融的发展也更缓慢。

表 39 是 2015—2020 年西部地区大户投资者相关数据,从中可以看出,大多数

城市的净买入成交量虽有波动，但较平缓，说明该地区对绿色金融政策的反应较迟缓，有一定的延迟。从数值看，无论是买入量还是卖出量都远不及北上广等城市。2020 年，西部地区 10 个省市的买入成交量之和为 4 798 亿股，仍不及 2020 年北京的买入成交量。2020 年，买入成交量最大的四川省为 1 275 亿股，是北京买入成交量的 22%；买入成交量最小的青海省仅为 97 亿股，是北京买入成交量的 1.7%。近六年来，西藏、青海、宁夏三省的买入、卖出量最高值未超过 160 亿股。可见，西部地区的金融环境有待进一步提高，从而绿色金融政策才会发挥更大的效用。

表 39　　2015—2020 年西部地区大户投资者相关数据　　单位：亿股

		2015 年	2016 年	2017 年	2018 年	2019 年	2020 年	净买入量图示
重庆	买入成交量	506.097 3	381.574 4	248.127 9	184.466 9	339.290 3	518.048 1	
	卖出成交量	535.289 6	409.982 8	273.280 6	206.997 0	375.543 5	565.203 0	
	净买入成交量	−29.192 3	−28.408 4	−25.152 7	−22.530 0	−36.253 2	−47.155 0	
四川	买入成交量	1 344.273 8	878.725 5	664.837 1	624.156 6	927.477 2	1 274.677 3	
	卖出成交量	1 421.411 7	948.848 9	723.830 7	699.511 7	1 030.036 5	1 396.687 3	
	净买入成交量	−77.137 9	−70.123 4	−58.993 6	−75.355 2	−102.559 3	−122.009 9	
贵州	买入成交量	256.753 8	184.206 8	140.747 8	106.153 6	191.605 2	235.310 4	
	卖出成交量	274.968 3	197.154 7	153.294 9	120.223 1	213.791 0	257.140 9	
	净买入成交量	−18.214 5	−12.947 9	−12.547 1	−14.069 4	−22.185 8	−21.830 6	
云南	买入成交量	435.984 2	378.509 4	325.114 4	241.198 6	420.568 7	585.193 9	
	卖出成交量	463.927 8	406.993 6	347.479 2	266.341 8	449.431 2	613.327 5	
	净买入成交量	−27.943 6	−28.484 2	−22.364 7	−25.143 1	−28.862 5	−28.133 6	

续表

		2015 年	2016 年	2017 年	2018 年	2019 年	2020 年	净买入量图示
西藏	买入成交量	142.997 4	85.495 0	107.459 2	53.623 3	84.862 8	124.875 3	
	卖出成交量	153.512 3	91.421 1	115.075 1	60.854 3	94.146 6	136.973 0	
	净买入成交量	−10.514 9	−5.926 1	−7.615 9	−7.231 0	−9.283 8	−12.097 7	
陕西	买入成交量	517.273 2	390.567 6	331.813 7	282.450 0	463.300 8	671.586 1	
	卖出成交量	550.844 8	421.627 3	361.786 2	309.772 1	508.921 5	749.008 8	
	净买入成交量	−33.571 6	−31.059 7	−29.972 5	−27.322 1	−45.620 7	−77.422 7	
甘肃	买入成交量	400.235 7	309.102 2	369.189 5	242.058 4	375.633 2	489.055 1	
	卖出成交量	426.381 5	330.538 1	394.626 9	271.342 2	417.550 0	540.775 4	
	净买入成交量	−26.145 8	−21.436 0	−25.437 4	−29.283 8	−41.916 8	−51.720 3	
青海	买入成交量	117.927 1	83.543 0	95.801 7	67.737 4	78.124 9	97.239 3	
	卖出成交量	125.670 4	90.515 1	103.234 7	73.458 3	86.093 4	106.655 5	
	净买入成交量	−7.743 3	−6.972 0	−7.433 1	−5.720 9	−7.968 5	−9.416 2	
宁夏	买入成交量	73.067 2	75.466 7	74.598 6	57.000 3	103.129 3	121.349 2	
	卖出成交量	79.373 1	82.950 3	84.607 7	67.241 1	121.025 5	139.719 4	
	净买入成交量	−6.305 9	−7.483 6	−10.009 0	−10.240 8	−17.896 2	−18.370 2	
新疆	买入成交量	668.652 4	393.816 3	452.214 3	321.717 7	485.043 5	680.239 7	
	卖出成交量	717.707 9	424.059 4	497.370 6	359.677 7	535.676 2	742.523 6	
	净买入成交量	−49.055 5	−30.243 1	−45.156 4	−37.960 0	−50.632 7	−62.283 9	

资料来源：根据 Wind 数据库整理。

3.3 资金流向总结

通过对行业和区域进行分类，近六年来资金的流向情况主要有以下三个特点。

一是近六年来区间资金净流入量合计均为负。其中，制造业的区间资金净流出量最大，由于制造业中多为“两高”企业，高污染、高排放严重阻碍生态环境的建设，除了受到股票市场的影响外，制造业等企业同样受到绿色金融政策的影响。引进绿色项目与技术，农、林、牧、渔业绿色发展、绿色建筑、绿色交通等健康发展，是达到“碳中和”的必经之路。

二是根据不同投资者的特性，中户投资者与散户投资者多为净买入量，与机构投资者与大户投资者恰恰相反，这反映了小规模投资人对整体的股票市场较乐观，且散户投资者的净买入成交量远远高于中户投资者的净买入成交量。

三是华北地区、华东地区与华南地区的资金净流入量主要由北京、苏浙沪地区与广东带动。这些地区拥有一流的金融发展环境，拥有较完备的金融市场平台，也建立了与金融相关的基础设施，为绿色金融的发展提供了更广阔的舞台和更有利的保障。而东北三省与西部地区等地虽有各种国家政策的扶持，但整体的金融环境依旧较差，绿色金融的发展也相对缓慢。

4　绿色金融对企业投资影响的对比分析

绿色发展的起始推动资金主要来自财政，因此，绿色金融影响企业投资的情况主要与绿色财税政策进行比较。

对于绿色信贷政策对企业投资方向影响的研究相对丰富，Bin 等(2011)通过研究发现，在中国绿色信贷政策受阻的病症主要是该项政策对“两高”企业的冲击。陈伟光等(2011)实证研究发现，绿色信贷政策通过限资可以在一定程度上推动企业更绿色化。常州支行课题组(2013)通过分析江苏省相关企业发现，绿色信贷政策能降低企业的能耗，引导企业向节能绿色方向发展。周红英(2014)认为，绿色信贷政策可以推动高污染企业的兼并重组。刘婧宇等(2015)研究发现，绿色信贷政策可以很好地约束“两高”企业的投资行为。国外学者 Anderson(2016)认为绿色的金融工具可以遏制高污染项目的推进。丁志刚等(2020)通过 Stackelberg 博弈模型分析发现，绿色信贷政策力度越大，企业会考虑采纳水平更高的低碳技术。苏冬蔚等(2018)和朱朝晖等(2020)通过 DID 模型研究发现，绿色信贷有投资抑制作用。丁杰(2019)通过实证研究发现，绿色信贷政策抑制污染企业的融资，进而使企业减少投资。马妍妍等(2020)通过对 2013—2017 年上市公司数据研究发现，绿色信贷政策可以促进企业的绿色投资行为。

国内外学者关于财政补贴对企业投资的影响研究相对较少。申香华等(2021)从理论上分析了财政补贴会激励重污染企业的环保投资。崔也光等(2020)通过研究发现，财政补贴正向影响企业关于无形资产的投资，相较于外购，财政补贴更能够激励企业的自主研发。王艳丽等(2019)认为财政补贴会使新能源企业投资过度，进而使得投资效率较低，且这一现象在非国有企业中更明显。李万福等(2017)研究发现，企业为了获得较高的财政补贴，会故意改变研发投资，财政补贴并未真正激励企业的投资研发。杨飞(2017)运用偏向性技术创新模型分析发现，环境补贴对清洁技术的创新效果较弱。张中华等(2014)通过战略性新兴企业实证研究发现，政府补贴降低了企业的投资效率。石光等(2016)通过对电力行业的研究发现，环境补贴可以激励相关燃煤电厂投资脱硫设备。王克敏等(2017)和 Cerqua 等(2014)研究发现，政府补助会正向促进企业的投资。卢洪友等(2019)通过建立环境责任评分指标体系，研究发现财政补贴的实施，提高了企业的环境意识，也推动了企业向环保方向投资。

4.1 绿色财税政策的现状

1. 绿色财政支出角度

在国家统计局官方网站，检索到了 2015—2019 年地方政府节能环保支出，通过自然地理分区整理后，结果如图 24 所示。

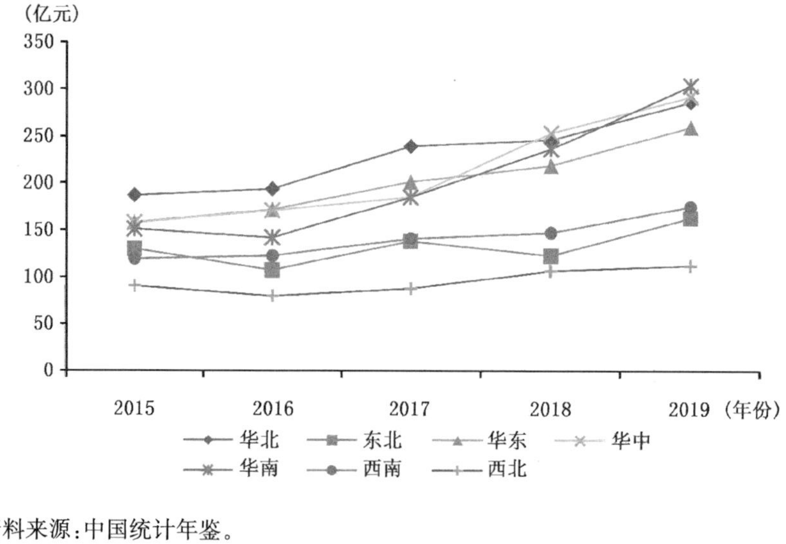

资料来源:中国统计年鉴。

图 24　2015—2019 年我国地方节能环保支出均值数据

从图24可知,近五年各地区的节能环保支出整体呈现上升趋势:西北地区上升幅度较小,维持在100亿元左右;华南地区上升幅度较大,从2015年的150亿元上升至2019年的300亿元,翻了一番;东北地区波动较大,2016年和2018年的节能环保支出下降,但从整体上看仍有一定的上升幅度。

虽然各地区的节能环保支出从数额上呈现上升趋势,但仅从数额上看是不足的,因为我国经济在快速发展,GDP也在逐年上升。因此,分析节能环保支出与生产总值之比更有必要。在国家统计局官方网站,检索到了2015—2019年地方节能环保支出与地方生产总值,结果如表40所示。

表40　2015—2019年地方节能环保支出与地方生产总值　单位:亿元

年份	地方节能环保支出(1)	地方生产总值(2)	(1)/(2)
2015	4 402.48	521 441.11	0.008 442 909
2016	4 439.33	780 069.97	0.005 690 938
2017	5 266.77	847 140.10	0.006 217 118
2018	5 870.05	914 707.46	0.006 417 407
2019	6 969.01	984 433.11	0.007 079 211

资料来源:中国统计年鉴。

表40虽然是地方数据,但在一定程度上可反映问题所在。2016年的比重突然下滑,是由于地方节能环保支出的增长速度跟不上地方生产总值的增长速度。根据世界银行估计,将GDP的1%~1.5%投资用于环境污染,可以在一定程度上减缓环境的恶化,使其维持在可接受水平;当投资占比达到GDP的2%~3%时,环境可以得到改善。但是,近五年地方节能环保支出与地方生产总值占比约为0.7%,体现了政府对于绿色发展不够重视,仍需加大环保节能的支出。

政府将财政补贴给予企业,本是想让企业运用资金减少对环境的污染,但有不少企业存在欺骗政府的行为。以新能源汽车为例,根据财政部相关披露数据,2009—2015年中央财政发放了334.35亿元财政补助用以支持新能源汽车的发展。而2016年却发现了近100亿元的骗补款项,占比高至三分之一。从这个案例可以看出，财政补贴真正用于环境保护的数额远小于理想状态的数额。

2. 绿色财政税收角度

我国的绿色税收体系包括环境保护税、与环保相关的其他税种、与环保相关的税收优惠政策三个部分，都在不断发展完善。

环境保护税于 2018 年正式实施，是我国唯一独立的绿色税种。其税种设立的主要目的是保护环境，引导企业减少排放污染物，其征收范围等与 2018 年以前一直在施行排污收费制度的区别不仅在于税收减排档次不同，更主要的是性质不同，排污费是行政收费，而环境保护税依靠于法律，执行力更强。这从侧面说明排污费制度缺乏强制性与规范性。政府在征收排污费时，由于制度上的一些漏洞，增大了企业少缴或缓缴的可能。许多企业更愿意我行我素地污染超标之后缴纳排污费，而不愿增加投资，引进环保技术。环境保护税，由费改税，从一定程度上矫正了企业的污染排放行为，引导企业投资绿色环保技术。但环境保护税是否起作用，一定程度上也与企业所交的环境保护税与治理环境的成本高低有关系。无论是企业事后进行环境治理，还是事前购买较环保的机械设备等，其成本若高于所交的环境保护税，那企业以最大化自身利益的角度考虑，仍会选择缴纳环境保护税，而非积极地保护环境。对于企业来说，若与购买“排污权”无异，那环境保护税将起不到应有的效果。

与环保相关的其他税种主要分为资源占用型和行为引导型。资源占用型主要由占用资源的企业缴纳，如耕地占用税等；行为引导型则是政府希望企业和个人可以做出更有利于环境的举措，减少高污染的消费，如车辆购置税等。从本质上讲，政府创立这些税种的目的是为了节能减排、保护环境。

与环保相关的税收优惠政策主要侧重于企业所得税和增值税等。所得税主要针对一些环保项目减征或免征所得税、减计收入或税额减免；增值税主要体现在企业购进绿色环保设备有进项税抵扣、销售（提供）资源综合利用的产品（劳务）的增值税即征即退。

表 41 是有关环境保护的相关政策的颁布实施历程，从中可以看出，我国政府

对于绿色税收制度越来越重视，税种也不断丰富。从针对范围来看，越来越重视节能环保方面。

表 41　环境保护的相关政策的颁布实施历程

年　份	政　策	针对范围
1993	《中华人民共和国增值税暂行条例》	新能源、废弃物回收
1994	《中华人民共和国消费税暂行条例》	烟酒等
2001	《中华人民共和国车辆购置税暂行条例》	购置规定车辆
2003	《排污费征收使用管理条例》	污水、废气等排放
2008	《中华人民共和国企业所得税法实施条例》	环保相关专用设备企业所得税
2012	《中华人民共和国车船税法》	节能、新能源车船
2018	《中华人民共和国环境保护税法》	环境污染
2018	《关于节能新能源车船享受车船税优惠政策的通知》	节能、新能源车船

4.2　绿色信贷政策的现状与存在的问题

绿色信贷政策在我国起步相对较晚。2007 年首次出台与绿色信贷相关的文件，明确指出，商业银行要在贷款的各个环节遏制“两高一剩”企业的发展，并推动绿色环保企业的快速发展，这标志着我国开始探索绿色信贷政策。2012 年银保监会发布《绿色信贷指引》，我国的绿色信贷制度开始快速发展。2015 年出台《能效信贷指引》，进一步引导商业银行支持绿色信贷的发展。2019 年出台《绿色产业指导目录》，进一步强调绿色信贷的重要性。

首先，这些文件大多是指导性的，上升到了战略的高度，并没有较具体的实施方案，且缺少强制力。其次，相关部门的监管力度不强。对于许多“两高”企业的污染问题，大部分采取的是先污染后处理的方法，用污染环境赚取的利益来恢复环境，长此以往形成恶性循环。而且这种做法会给企业带来“违法的成本较低，守法的成本较高”的心理暗示，使得更多企业为了追逐利润最大化而忽视环境。

2008年，兴业银行作为中国首家参与“赤道原则”的商业银行，推出了一系列绿色产品。招商银行、浦发银行、中国银行也先后出台相关绿色信贷的规划指引或管理办法，但均为粗略的规范标准。经过十几年的探索，兴业银行创新相关绿色信贷业务，已逐渐形成较完整的绿色金融体系，推出的绿色信贷产品主要有节能减排贷款、绿色产业的资产证券化、绿色低碳信用卡等。

我国商业银行的绿色信贷实施情况，从总体规模看，自2013年开始，中国银行业协会统计公布的我国21家较主要的商业银行的绿色信贷余额不断增加，从4.9万亿元增长到了2019年的10.6万亿元，翻了一番。这说明我国实施绿色信贷政策较积极。

但是，从2015—2019年12家商业银行的绿色信贷余额占比来看，比例仍较低，见表42。

表42　　2015—2019年12家商业银行绿色信贷余额占比

	2019年	2018年	2017年	2016年	2015年
建设银行	8.09%	7.80%	7.97%	7.74%	7.17%
农业银行	8.91%	8.80%	6.97%	6.68%	6.10%
工商银行	8.06%	8.03%	7.72%	7.49%	7.66%
中国银行	5.64%	5.35%	4.94%	4.69%	4.51%
民生银行	0.92%	0.82%	1.07%	0.56%	0.56%
招商银行	3.94%	4.22%	4.41%	4.40%	5.54%
中信银行	1.63%	1.74%	1.89%	1.38%	0.94%
交通银行	6.19%	5.83%	6.05%	5.88%	5.50%
光大银行	3.34%	3.24%	3.69%	2.75%	2.56%
浦发银行	5.69%	6.13%	5.64%	6.29%	7.65%
平安银行	1.08%	1.32%	1.76%	1.52%	1.42%
华夏银行	4.26%	3.51%	3.82%	3.73%	3.74%

资料来源：各商业银行年报及社会责任报告。

各商业银行的绿色信贷余额占比均未超过10%。占比相对较高的农业银行在2019年达到8.91%，而民生银行的占比一直在1%左右徘徊，这说明各商业银行的绿色信贷余额占比较低，且各银行实施绿色信贷政策的进度有很大差距，更是说明商业银行发展绿色信贷的动力不足，需要多方的鼓励和支持。我国商业银行对企业环保信息的获取渠道很受限制。通常情况下，商业银行想要获取企业的环保信息，需要通过央行和银保监会，多部门的信息传递使得商业银行获取的信息不太及时。此外，"两高"企业很有可能是某些地区的经济支柱企业，地方政府可能为了经济的发展掩盖相关企业的污染情况，致使商业银行获取到的信息不真实，放缓了绿色信贷政策的发展。

从绿色信贷的细分产业来看，主要分为节能环保及服务贷款和战略性新兴产业。银保监会详细披露了2013年6月—2017年6月我国21家商业银行绿色信贷产业的数据，如图25所示。

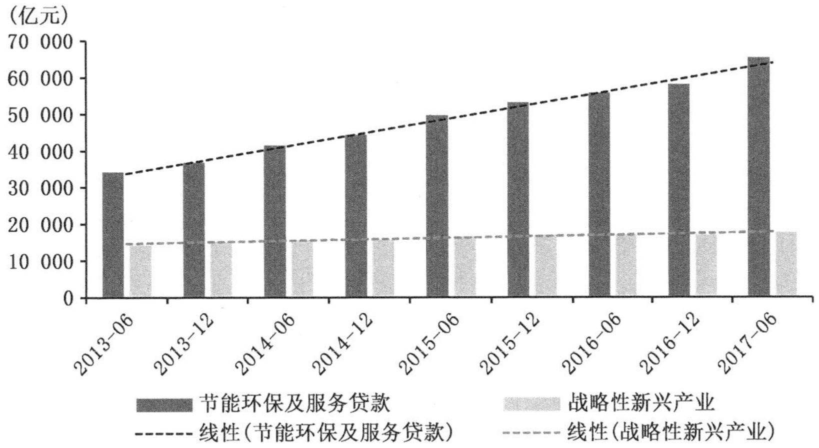

图25　2013年6月—2017年6月我国21家商业银行绿色信贷产业半年数据

我国21家主要商业银行的绿色信贷项目主要集中于节能环保及服务贷款方面，且比例不断上升，从2013年6月的3.42万亿元增长到了2017年6月的6.53万亿元。而战略性新兴产业则增长较缓慢，只从2013年6月的1.42万亿元增长到了2017年6月的1.76万亿元。这说明我国主要在大力支持发展节能环保相关的产业。

4.3 企业绿色投资的现状与存在的问题

企业的社会责任报告是根据企业自身的情况自愿向社会披露的，选取 2017—2019 年数据披露较全的 63 家制造类企业进行分析，结果如表 43 所示。

表 43　　2017—2019 年 63 家制造类企业投资情况

	2017 年	2018 年	2019 年
绿色投资额(亿元)	93	143	196
总投资额(亿元)	1 319	1 711	1 830
比值(%)	7.05	8.36	10.71

从表 43 可以看出，制造类企业的总投资与绿色投资的规模都在扩大：投资总额从 2017 年的 1 319 亿元增长至 2019 年的 1 830 亿元，而绿色投资额则从 2017 年的 93 亿元增长至 2019 年的 196 亿元。绿色投资额与总投资额的比值呈增长趋势，说明绿色投资额的增长幅度高于总投资额，这从侧面体现制造类企业近几年开始重视环境保护，增加绿色环保方向的投资。但就从占比的数值来看，绿色投资仍只是企业总投资中很小的一部分，企业仍需积极承担社会责任。

进一步对所选取的 63 家样本企业从年份和产权方面进行分析。表 44 是 2017—2019 年 63 家制造类企业投资年份视角数据，样本企业绿色投资的平均值逐年上升，且除 2017 年外，其余年份的绿色投资平均值均大于中位数，说明样本中多数企业的绿色环保投资低于平均水平。但也有不少企业的绿色投资额远高于平均水平，拉动了整体的绿色投资水平。

国有企业相较于其他类型企业来说，承担着更多的社会责任。从绿色投资额的披露情况来看，在社会责任报告中披露绿色投资额的多为国有企业。63 家样本企业中，41 家是国有企业，22 家是其他类型企业，就近选取 2019 年的投资数据进行分析(见表 45)，可以看出，样本企业中，国有企业绿色投资平均值为 18.129，而其他类型企业的绿色投资平均值为 17.467。国有企业的绿色投资规模要大于其他类型企业的绿色投资规模。

表 44　　2017—2019 年 63 家制造类企业投资年份视角数据

	2017 年	2018 年	2019 年
平均值	17.386 53	17.692 12	17.897 59
中位数	17.479 07	17.541 03	17.804 49
标准偏差	1.885 80	1.961 77	2.056 34
最小值	13.005 83	13.031 34	12.704 42
最大值	21.266 75	21.548 75	22.188 83

表 45　　2019 年 63 家制造类企业投资产权视角数据

	国　有	其　他
观测数	41	22
平均值	18.128 88	17.466 56
中位数	17.842 47	17.585 06
标准偏差	1.965 894	2.196 307
最小值	13.785 05	12.704 42
最大值	22.188 83	21.128 73

4.4　实证设计

4.4.1　假设的提出

1. 绿色财税政策对制造类企业投资方向的影响

由于绿色财政政策主要包括财政补贴和税收政策两项政策，因此主要通过这两项政策来说明绿色财政政策是如何影响制造类企业投资方向的。

(1)绿色财政补贴

财政补贴的专项性体现在企业只有符合一定的标准，才可以得到政府的财政补贴。而绿色财政补贴则是给那些在生产等过程中较绿色环保的企业发放现金或者进行贷款贴息，鼓励他们继续实行相应的政策。企业投资方向的选择，除了考虑风险之外还要考虑收益，而成本又是影响收益的一个主要因素。实施绿色财政补贴激励政策不仅可以直接增加企业的投资经费，降低企业使用自有资金或者向银行贷款的机会成本，在一定程度上减轻企业筹集资金的压力。

除了直接增加经费外，绿色财政补贴激励政策还具有一定的信号效应。政府给予相关企业补贴，向市场和投资者释放出对企业利好的信号，即政府支持该企业，且该企业有较好的发展前景与空间。这样投资者会更信任该类企业，企业可以吸引更多的投资者资金或获得银行更多的贷款，有效地减少由于资金不足而使得企业无法向绿色方向进行投资建设等问题的发生。由于存在信息不对称，政府有时无法准确获得企业相关的信息，进而可能会出现企业骗取补贴或将补贴移为他用的行为。但从概率上来说，正向性是大于负向性的。

因此，认为绿色财政补贴正面影响制造类企业的投资方向，提出的假设如下：

假设1:绿色财政补贴会正面影响制造类企业投资方向。

(2)绿色税收政策

绿色税收政策主要分为向“两高”等企业征收庇古税或向有绿色投资的企业税收优惠。征收一定的庇古税，提高相关企业的边际成本，可以有效抑制企业利用高排污设备生产等行为，从而推动企业向绿色方向投资建设。而税收优惠则是通过降低企业的税收负担，从正面激励企业转变投资方向。税收优惠政策主要有优惠税率、税收抵免等方式，政府会对企业购进绿色环保设备进行降税，使得企业在购进绿色环保设备时有相对更低的价格。在税收优惠政策中也规定，对企业免征、减征符合条件的环境保护、节能节水项目的所得。企业税负中最不易转嫁的是所得税，他是从企业的利润总额中计算扣减的。所得税的降低会影响企业盈余的增加，进而影响次年的投资预算。较低的所得税会提高企业的投资报酬率，这也会获得更多投资者的青睐。

由于庇古税和税收优惠政策影响方向不同，无法推断绿色税收政策究竟会对企业投资方向有何影响，因此提出如下假设：

假设 2a:绿色税收政策会正面影响制造类企业投资方向。

假设 2b:绿色税收政策会负面影响制造类企业投资方向。

2. 绿色信贷政策对制造类企业投资方向的影响

主要从资金的来源、信号的传递和反馈机制三个方面对绿色信贷是如何影响制造类企业投资方向的进行探究。

从资金的来源角度考虑,由于存在绿色信贷政策,商业银行有可能会直接拒绝向“两高”企业发放贷款,“两高”企业由于没有充足的资金支持,无法扩大投资规模,只能被动转型,向绿色方向投资。而对于利用绿色环保等固定资产设备生产运营的企业,可以通过绿色信贷化解融资危机等问题,进而获得更多的资金投资设厂、扩大规模,进一步发展。

从信号的传递角度考虑,绿色信贷政策的实施传递出发展绿色经济的信号。因排污等问题只能获得高贷款利率的企业,会对其他企业起到一定的警示作用;而本就受到减免贷款利息的企业,则会吸引更多的企业投入绿色环保的生产运营。

从反馈机制角度考虑,绿色信贷政策对进行绿色环保生产运营企业来说,由于有较低的资本成本,从而会有更多的资金进一步投资设厂、扩大规模,存在正向的反馈,且会形成良性循环。

从三个不同的方面考虑,提出以下假设:

假设 3:绿色信贷政策会正面影响制造类企业投资方向。

4.4.2　变量的选择

1. 被解释变量

目前,对于企业投资的研究主要有两种衡量方式:一种是通过资产负债表的项目进行衡量;另一种是通过现金流量表的项目进行衡量。但这两种衡量方式都只能反映企业的投资强度,并不能反映企业的投资方向。在绿色政策的影响下,企业投资方向是否发生改变,要看企业绿色投资的增减变化。因此,被解释变量选用企业在社会责任报告中披露的绿色投资额(GI)来衡量。

2. 解释变量

解释变量主要有绿色财税政策与绿色信贷政策。

绿色财政政策又分为绿色财政补贴和绿色税收优惠。对于绿色财政补贴(*EEXP*),参考王凤荣(2018)的衡量方法,采用地方节能环保财政支出与GDP的比值作为解释变量;对于绿色税收政策(*TAX*),参考魏玮(2019)的衡量方法,采用国内增值税与税收收入的比值作为解释变量。

绿色信贷政策(*GLR*)采用绿色信贷比率可以非常直观地反映出商业银行的绿色信贷规模。绿色信贷比率是通过用每年的绿色信贷余额与贷款总额的比值计算得出的。采用我国12家主要银行绿色信贷余额与贷款总额之比来表示该解释变量。商业银行越重视对绿色信贷政策的实施,该指标越大。

3. 控制变量

企业规模(*SIZE*)。一般情况下,企业的规模越大,在生产经营过程中所需要的固定资产就越多,进而投资的支出也相对较多。由于企业的资产规模都相对较大,因此选择使用总资产的对数来代表企业规模。

盈利能力(*ROE*)。盈利越好的公司,会有更多的资金用于投资设厂、扩大规模,投资固定资产的愿望也会更强烈。采用净资产回报率来代表企业的盈利能力。

成长性(*GROWTH*)。成长性较好的企业,通常在未来一段时间内会有更好的发展,也会购进更多的固定资产设备用于生产经营。采用营业收入增长率来代表企业的成长性。

财务杠杆(*LEVER*)。企业的资金来源主要有负债和使用股东的资金两种形式。当可扣除的利息越多,企业会考虑从外部借债进行投资的可能性更高。然而从另一方面考虑,企业向外部借债的利息虽然可以抵扣,但还是会增加企业的成本,提高了企业的财务杠杆,当企业有较高的财务杠杆时,企业会考虑减少投资。选择权益乘数来代表财务杠杆,权益乘数越大,财务杠杆越大。

现金流（*CASHFLOW*）。现金流指标衡量企业日常经营中实际可收回的现金流情况，为经营现金流量与营业收入之比。

现金再投资比率（*CRIR*）。现金再投资比率用来衡量企业的现金流状况及企业的投资意愿，为经营现金流量与资本性支出的比值。

综上所述，选取的变量汇总如表 46 所示。

表 46　　变量汇总表

变量类型	变量名称	计算公式	变量符号
被解释变量	绿色投资方向	ln(绿色投资额)	*GI*
解释变量	绿色财政政策	地方节能环保财政支出/GDP	*EEXP*
	绿色税收政策	国内增值税/税收收入	*TAX*
	绿色信贷政策	绿色信贷余额/贷款总额	*GLR*
控制变量	企业规模	ln(总资产)	*SIZE*
	盈利能力	净利润/净资产平均余额	*ROE*
	成长性	(营业收入本年本期金额－营业收入上年同期金额)/营业收入上年同期金额	*GROWTH*
	财务杠杆	总资产/所有者权益	*LEVER*
	现金流	经营现金流量/营业收入	*CASHFLOW*
	现金再投资比率	经营现金流量/资本性支出	*CRIR*

4.4.3　样本的选择与数据来源

我国的绿色发展仍处在初级阶段，"两高"企业是进一步发展绿色经济的绊脚石。而"两高"企业中制造类企业的占比相对较高，因此以制造类上市公司为样本进行研究。将数据缺失和 ST 的企业剔除后，共收集到 63 家制造类上市公司 2017—2019 年的相关数据，并手工整理了相关政策的数据。所收集到的数据均来自 CSMAR 数据库、中国统计年鉴和各企业社会责任报告。

4.4.4 回归模型的构建

依据研究假设及前文的理论概念回顾，在参考大量相关文献的基础上，建立相应的研究模型来探究绿色财政政策和绿色信贷政策与企业投资方向的影响。

为了检验提出的假设 H1，构建回归模型如下：

$$GI_{i,t}=\alpha_i+\beta_1 EEXP_{i,t}+\beta_2 SIZE_{i,t}+\beta_3 ROE_{i,t}+\beta_4 GROWTH_{i,t}+\beta_5 LEVER_{i,t}+\beta_6 CASHFLOW_{i,t}+\beta_7 CRIR_{i,t}+\varepsilon_{i,t} \quad \text{(模型 1)}$$

为了检验提出的假设 H2，构建回归模型如下：

$$GI_{i,t}=\alpha_i+\beta_1 TAX_{i,t}+\beta_2 SIZE_{i,t}+\beta_3 ROE_{i,t}+\beta_4 GROWTH_{i,t}+\beta_5 LEVER_{i,t}+\beta_6 CASHFLOW_{i,t}+\beta_7 CRIR_{i,t}+\varepsilon_{i,t} \quad \text{(模型 2)}$$

为了检验提出的假设 H3，构建回归模型如下：

$$GI_{i,t}=\alpha_i+\beta_1 GLR_{i,t}+\beta_2 SIZE_{i,t}+\beta_3 ROE_{i,t}+\beta_4 GROWTH_{i,t}+\beta_5 LEVER_{i,t}+\beta_6 CASHFLOW_{i,t}+\beta_7 CRIR_{i,t}+\varepsilon_{i,t} \quad \text{(模型 3)}$$

其中，α 为截距项，ε 为随机误差项，β_1、β_2、β_3、β_4、β_5、β_6、β_7 为各解释变量的系数，下标 i 代表不同的样本制造类企业，下标 t 代表不同的年份。

4.5 实证分析

4.5.1 描述性统计分析

在进行回归分析之前，先对搜集的面板数据进行描述性统计分析，见表 47。

表 47　变量的描述性统计

变量	样本数	均值	标准差	最小值	最大值	偏度
GI	189	17.66	1.970	12.70	22.19	−0.154
EEXP	189	0.006 57	0.000 369	0.006 22	0.007 08	0.558
TAX	189	0.393	0.001 72	0.391	0.395	−0.465
GLR	189	0.062 2	0.001 64	0.060 0	0.063 8	−0.554

续表

变量	样本数	均值	标准差	最小值	最大值	偏度
SIZE	189	23.56	1.249	20.32	26.58	0.287
ROE	189	0.110	0.088 2	−0.185	0.520	1.150
GROWTH	189	0.170	0.279	−0.862	2.108	2.443
LEVER	189	2.133	0.653	1.164	4.243	0.525
CASHFLOW	189	0.183	0.148	−0.231	0.775	0.418
CRIR	189	0.106	0.082 9	−0.105	0.422	0.350

从表 47 可以看出，被解释变量 *GI* 的均值为 17.66，由于该变量是取对数后的结果，仅从数值上看均值没有意义；最大值与最小值相差较大，说明制造类企业的绿色投资跨度很大；标准差为 1.97，说明各企业绿色投资相对来说波动较大，且较分散；偏度小于零，为左偏分布，说明较多的制造类企业的绿色投资大于均值。

三个解释变量相较于企业投资额来说更宏观一些，描述性统计的结果为 2017—2019 年各年的变化。*EEXP* 的均值为 0.006 57，说明地方节能环保财政支出在 GDP 中的比重较小；*TAX* 的均值为 0.393，说明国内增值税占总税收收入的三分之一。*GLR* 的均值为 0.062 2，说明我国主要银行发放绿色信贷的额度占总贷款额度的比重相对较小。且 *EEXP*、*TAX* 和 *GLR* 的标准差都相对较小，说明各指标在各年的比重相差不大。

4.5.2 变量的相关性分析

首先，通过 Pearson 相关性检验，初步判断各变量之间的相关性水平。各变量间的相关关系，如表 48 所示。

表 48　　变量的相关性分析

		GI	EEXP	TAX	GLR	SIZE	ROE	GROWTH	LEVER	CASHFLOW	CRIR
GI	相关性	1									
	Sig.										
EEXP	相关性	0.098	1								
	Sig	0.180									
TAX	相关性	0.106		1							
	Sig.	0.146									
GLR	相关性	0.105			1						
	Sig.	0.150									
SIZE	相关性	0.575**	0.066	0.068	0.067	1					
	Sig.	0.000	0.369	0.355	0.363						
ROE	相关性	0.164*	−0.087	−0.070	−0.067	0.084	1				
	Sig.	0.024	0.233	0.337	0.360	0.252					
GROWTH	相关性	0.081	−0.167*	−0.199**	−0.199**	0.069	0.330**	1			
	Sig.	0.266	0.021	0.006	0.006	0.343	0.000				
LEVER	相关性	0.092	0.022	0.012	0.011	0.422**	−0.204**	−0.030	1		
	Sig.	0.210	0.769	0.865	0.878	0.000	0.005	0.683			
CASHFLOW	相关性	0.214**	0.114	0.120	0.118	0.039	0.282**	0.181*	−0.377**	1	
	Sig.	0.003	0.118	0.101	0.105	0.592	0.000	0.012	0.000		
CRIR	相关性	0.210**	0.124	0.128	0.126	0.153*	0.449**	0.169*	0.016	0.613**	1
	Sig.	0.004	0.089	0.079	0.084	0.036	0.000	0.020	0.832	0.000	

注：*、** 分别表示在 5%、1%级别(双尾)相关性显著。

根据 Pearson 相关系数矩阵，可以看出解释变量、被解释变量和控制变量之间的相关关系。因表 48 将三个模型的变量汇总在一起，所以解释变量之间的相关关系不做考虑。被解释变量 *GI* 与解释变量 *EEXP* 的相关系数为 0.098，在 10% 的显著性水平下正相关，与假设 1 大致相同。*GI* 与解释变量 *TAX* 的相关系数为 0.106，在 10%的显著性水平下正相关，与假设 2a 大致相同。*GI* 与解释变量 *GLR* 的相关系数为 0.105，在 10%的显著性水平下正相关，与假设 3 大致相同。

通过被解释变量与解释变量相关系数的比较，可以初步推断，企业的绿色投资额受到政府各项绿色政策的影响，且影响程度差别不大。一般认为相关性大于 0.8 则可能存在多重公共线性。从相关性分析来看，相关性最高的两个变量 *CASHFLOW* 与 *CRIR* 之间，相关系数为 0.613，说明存在多重共线性的可能性较小。因此不需要对此进行多重共线性检验，可以直接进行回归分析。

4.5.3 回归分析结果

1. *GI* 对 *EEXP* 的回归模型检验结果

为了验证假设 1 绿色财政补贴对制造类企业投资方向的影响，利用面板数据进行回归分析，表 49 为模型(1)的回归结果。

表 49　　*GI* 对 *EEXP* 的回归模型

GI	Coef.	Robust St. Err.	*t*-value	*p*-value
EEXP	308.659*	176.2	1.75	0.085
SIZE	1.067**	0.445	2.40	0.02
ROE	1.72*	0.925	1.86	0.068
GROWTH	−0.361*	0.193	−1.87	0.067
LEVER	−0.677***	0.234	−2.89	0.005
CASHFLOW	−4.568*	2.402	−1.90	0.062
CRLR	2.203**	1.03	2.14	0.036
Constant	−8.112	9.637	−0.84	0.403

注：***、**、* 分别表示 $p<0.01$、$p<0.05$、$p<0.1$。

从检验结果可以看出，模型(1)的解释变量 *EEXP* 的系数为 308.659，在 10%的显著性水平下是显著的，且有正向的作用，这表明每提高 1 单位 *EEXP*，*GI* 就会相应增加 308.659 单位。从控制变量来看，*SIZE* 在 5%的显著性水平下显著，且正向影响 *GI*，这说明制造类企业规模越大、拥有的资金较雄厚，绿色投资也会相应较多。*LEVER* 在 5%的显著性水平下显著，且负向影响 *GI*，权益乘数反映财务风险，这说明财务风险越大，企业绿色投资越少。*CRIR* 在 5%的显著性水平下显著，且正向影响 *GI*，这说明经营现金流越多，企业有更多的资金投放于绿色产品设备等。其他控制变量对 *GI* 的影响较小。

上述结论验证了假设 1 的成立，即绿色财政补贴会正向影响制造类企业的投资方向。这也与前人学者得出的结论相一致。

2. *GI* 对 *TAX* 的回归模型检验结果

为了验证假设 2 绿色税收政策对制造类企业投资方向的影响，利用面板数据进行回归分析，表 50 为模型(2)的回归结果。

表 50　　*GI* 对 *TAX* 的回归模型

GI	Coef.	Robust St. Err.	*t*-value	*p*-value
TAX	71.382**	34.278	2.08	0.037
SIZE	1.001***	0.144	6.93	0
ROE	1.373*	0.812	1.69	0.091
GROWTH	−0.266	0.188	−1.41	0.158
LEVER	−0.62***	0.2	−3.10	0.002
CASHFLOW	−3.005	2.062	−1.46	0.145
CRLR	1.581*	0.839	1.89	0.059
Constant	−32.733	12.428	−2.63	0.008

注：***、**、*分别表示 $p<0.01$、$p<0.05$、$p<0.1$。

从检验结果可以看出，模型(2)的解释变量 *TAX* 的系数为 71.382，在 5%的显著性水平下显著，且有正向的作用，即每提高 1 单位 *TAX*，*GI* 就会相应增加 71.382 单位，这表明政府的绿色税收政策中，相比庇古税等政策，税收优惠政策对制造类企业的影响更大，使得绿色财政政策对制造类企业的投资方向呈正向影响。从控制变量来看，*SIZE* 在 1%的显著性水平下显著，且正向影响 *GI*，这说明制造类企业规模越大、拥有的资金较雄厚，绿色投资也会相应较多。*LEVER* 在 1%的显著性水平下显著，且负向影响 *GI*，权益乘数反映财务风险，这说明财务风险越大，企业绿色化投资越少。*CRIR* 在 10%的显著性水平下显著，且正向影响 *GI*，这说明经营现金流越多，企业有更多的资金投放于绿色产品设备等。其他控制变量对 *GI* 的影响较小。

上述结论验证了假设 2a 的成立，即绿色财政补贴会正向影响制造类企业的投资方向。

3. *GI* 对 *GLR* 的回归模型检验结果

为了验证假设 3 绿色信贷政策对制造类企业投资方向的影响，利用面板数据进行回归分析，表 51 为模型(3)的回归结果。

表 51　　*GI* 对 *GLR* 的回归模型

GI	Coef.	Robust St. Err.	*t*-value	*p*-value
GLR	73.496**	35.827	2.05	0.04
SIZE	1.005***	0.144	7.00	0
ROE	1.344	0.818	1.64	0.1
GROWTH	−0.267	0.188	−1.42	0.154
LEVER	−0.619***	0.2	−3.10	0.002
CASHFLOW	−2.988	2.061	−1.45	0.147
CRLR	1.583*	0.838	1.89	0.059
Constant	−9.352	3.184	−2.94	0.003

注：***、**、* 分别表示 $p<0.01$、$p<0.05$、$p<0.1$。

从检验结果可以看出，模型(3)的解释变量 *GLR* 的系数为 73.496，在 5%的显著性水平下是显著的，且有正向的作用，这表明商业银行多发放 1 单位绿色信贷，企业对绿色资产的投入就会相应增加 73.496 单位。从控制变量来看，*SIZE* 在 1%的显著性水平下显著，且正向影响 *GI*，这说明制造类企业规模越大、拥有的资金较雄厚，绿色投资也会相应较多。*LEVER* 在 1%的显著性水平下显著，且负向影响 *GI*，权益乘数反映财务风险，这说明财务风险越大，企业会减少绿色投资。*CRIR* 在 10%的显著性水平下显著，且正向影响 *GI*，这说明经营现金流量越多，企业有更多的资金投放于绿色产品设备等。其他控制变量对 *GI* 的影响较小。

上述结论验证了假设 3 的成立，即绿色财政补贴会正向影响制造类企业的投资方向。这也与前人学者得出的结论相一致。

综合三个模型的回归结果来看，企业投资受到政府绿色财政补贴政策的影响最大，为 308.659；其次是绿色信贷政策，为 73.496；影响最小的是绿色税收政策，为 71.382。这个结果是可以预见的，因为绿色财政补贴是政府直接提供资金给企业，相比于绿色信贷政策，财政补贴没有贷款利息的成本。而绿色税收政策中，惩罚性质的税收无异于会增加企业的成本负担，而税收优惠的额度与政府直接发放的资金相比也是微乎其微的。从另一个角度考虑，财政补贴会在早期补偿给企业，而税收优惠则是要等企业投资后才发挥作用，相较于财政补贴，税收优惠有一定的滞后性。因此，企业投资时更看重政府绿色财政补贴的金额是否更有利于企业。

4.5.4 稳健性检验

在进行稳健性分析时，采取两种方法进行检验：一是进行分位数回归再次检验，二是替换解释变量的方式进行检验。

分位数回归，是被解释变量在不同的分位数上对解释变量的回归，可以更全面地了解解释变量对不同阶段的被解释变量的影响，其结果也会更稳健。分位数回归结果如表 52 所示。

表 52 **分位数回归结果**

	模型(1)			模型(2)			模型(3)		
	q25	q50	q75	q25	q50	q75	q25	q50	q75
EEXP	−46.302 (−0.370)	−86.481 (−0.750)	468.327*** (3.960)						
TAX				−31.247 (−0.640)	−26.039 (−1.080)	236.478*** 20.900			
GLR							−3.137 (−0.280)	0.080 (0.000)	153.483*** (5.660)
SIZE	1.078*** (40.640)	0.916*** (92.750)	0.864*** (19.490)	1.180*** (124.950)	0.909*** (62.270)	0.963*** (18.900)	1.175*** (89.540)	0.989*** (93.810)	0.948*** (50.550)
ROE	2.882*** (18.010)	1.302*** (6.760)	0.554 (1.170)	2.852*** (7.130)	0.274 (1.270)	0.711** (2.110)	2.956*** (8.730)	2.547*** (3.910)	0.919 (1.640)
GROWTH	−0.720*** (−10.520)	0.250*** (3.580)	0.308* (1.660)	−1.099*** (−28.570)	0.562*** (6.190)	0.172 (1.550)	−1.150*** (−12.910)	0.521*** (6.150)	−0.023 (−0.100)
LEVER	−0.609*** (−17.230)	−0.777*** (−41.910)	0.205 (1.490)	−0.542*** (−8.750)	−1.080*** (−27.210)	0.103 (1.490)	−0.559*** (−9.180)	−1.256*** (−15.410)	0.127 (1.540)
CASHFLOW	1.033*** (3.240)	2.240*** (11.860)	1.582*** (3.160)	3.624*** (5.800)	−0.197 (−0.710)	4.850*** (8.160)	2.926*** (9.970)	−2.247** (−2.170)	4.230*** (9.620)
CRLR	1.420*** (7.430)	0.179** (2.280)	1.456*** (6.150)	1.016*** (3.480)	1.247*** (10.050)	−1.334*** (−3.900)	1.322*** (9.150)	1.502*** (6.490)	−1.264*** (−4.310)

注：***、**、*分别表示 $p<0.01$、$p<0.05$、$p<0.1$。

可以看出，进行分位数回归后，三个模型在不同的分位结果有所不同。从显著性来看，在75分位的企业较显著，而其他分位的企业不显著，这说明绿色财政政策与绿色信贷政策对企业的绿色投资是分段的。中低分位企业中，绿色政策对其绿色投资为负向影响，这说明相关企业投资受绿色政策的影响较小。因为绿色投资的基数小、规模也小，尚未形成规模效益，而成本又较高，虽有绿色政策支持，但企业并不愿意进行绿色投资。高分位企业中，绿色政策对其绿色投资为正向影响，且结果显著，这说明相关企业投资受绿色政策的影响较大，企业能够积极响应政策的号召，绿色政策的作用较明显。

替换解释变量的方式进行检验。对于衡量绿色财政补贴的解释变量 *EEXP*，替换为一般节能环保财政支出占 GDP 的比重，其中一般节能环保财政支出加入了中央的政府节能环保财政支出。对于衡量绿色税收政策的解释变量 *TAX*，替换为国内增值税加所得税与税收收入的比值。对于衡量绿色信贷政策的解释变量 *GLR*，由于绿色信贷主要分为节能环保板块和战略性新兴产业板块，因此考虑着重突出节能环保，替换为12家主要银行节能环保贷款与贷款总额的比值。替换变量后，重新对回归模型进行检验，回归结果如表53所示。

表53　　替换解释变量后的回归结果

	模型(1)	模型(2)	模型(3)
EEXP	330.592* (1.76)		
TAX		17.723* (1.77)	
GLR			67.402* (1.74)
SIZE	1.009** (2.18)	0.947* (1.96)	0.863 (1.67)
ROE	1.727* (1.86)	1.727* (1.86)	1.703* (1.82)

续表

	模型(1)	模型(2)	模型(3)
GROWTH	−0.344*	−0.326	−0.298
	(−1.75)	(−1.62)	(−1.42)
LEVER	−0.661***	−0.643***	−0.616**
	(−2.84)	(−2.77)	(−2.66)
CASHFLOW	−4.577*	−4.584*	−4.585*
	(−1.91)	(−1.92)	(−1.93)
CRLR	2.194**	2.185**	2.170**
	(2.14)	(2.14)	(2.14)
Constant	−7.062	−14.334*	−4.709
	(−0.71)	(−1.82)	(−0.44)

注：***、**、*分别表示 $p<0.01$、$p<0.05$、$p<0.1$。

可以发现，将解释变量替换后，解释变量 *EEXP* 在回归模型中的系数为330.592，在10%的显著性水平下显著正相关。研究假设1依旧成立，与前文的结论一致。解释变量 *TAX* 在回归模型中的系数为17.723，在10%的显著性水平下显著正相关。研究假设2a依旧成立，与前文的结论一致。解释变量 *GLR* 在回归模型中的系数为67.402，在10%的显著性水平下显著正相关。研究假设3依旧成立，与前文的结论一致。

综上所述，两种方法的结论与原模型的回归结果较类似，结论依旧成立，说明设立的研究模型通过了稳健性检验。

4.6 对比分析结论

企业的投资额与地方财政补贴/地方生产总值呈现正相关关系，说明绿色财政补贴政策的施行正向推动了制造类企业向绿色化方向购置固定资产等长期资产。这主要是因为绿色财政补贴政策可以直接增加企业的投资资金，除此之外，还传递给市场一个对企业较有利的信号，投资者会因为相信政府而选择信任该类企业，企业就会吸引更多的资金。

企业的投资额与增值税/税收收入呈现正相关关系，说明绿色税收政策的施行过程中，相较于庇古税等政策，税收优惠政策对制造类企业的影响更大。税收优惠多是以营业利润为基础计算，而庇古税等则多是以排出的废气废水等为基础计算。税收优惠的基数大，从而影响也较大。

企业的投资额与绿色信贷占比呈现正相关关系，说明绿色信贷政策的施行正向推动了制造类企业的绿色化投资。该原因与绿色财政政策类似，都可以为企业提供资金并释放积极的信号。不同的是绿色信贷政策是通过发放利率较低的贷款实施的，相较于绿色财政补贴来说，增加了企业的财务费用。

根据对比结论建议如下：

一是提高财政补贴的配置效率。由于我国政府存在着晋升机制，而该机制的存在可能会使政府将绿色财政补贴投向一些本不需要该资金的项目中，导致财政补贴的配置效率较低。因此，该项补贴应公开透明化，建立相关的绩效考核制度，并且应出台一些创造性的补贴方式推动企业向绿色化发展。

二是《环境保护税法》有进一步改进空间。《环境保护税法》于 2018 年开始正式实施，结束了我国没有环保专项税法的历史，成效也很明显。但仍有很多地方需要改进，尤其是该项税法与其他税种之间的协调性还不够，所以要从整体进行考虑，加强相关不同税种之间的配合与衔接。例如，在所得税方面，对生产经营投资绿色环保商品的企业予以一定的税收优惠；在关税方面，扣减或免除对进口绿色环保设备企业的关税等。

三是加快建立绿色信贷考核评价体系，调动商业银行开展绿色信贷政策，同时积极引导“两高一剩”企业的转型发展。一方面，政府可以对商业银行建立补贴、税收优惠政策，降低银行开展相应政策的一些成本，同时对那些仍旧高比例贷款给“两高一剩”企业的银行做出相应的惩罚；另一方面，要对“两高一剩”企业提出更高、更严苛的要求，适当对污染环境严重的企业进行罚款处罚，而非仅仅交环境保护税,最终促使其转型发展。

四是构建整体的绿色监管体系。政府应出台相关的监管制度和政策,并指明企业不仅应当发布准确、可靠的环境信息,还要受到投资者等相关利益群体的监督。另外,要完善环保机构与商业银行的对接及信息共享机制。目前,部分环保机构对于环境污染企业的违规记录时效性较差,无法及时反馈到商业银行的系统中,这也约束着绿色信贷政策的进一步实施。因此,相关部门之间应建立信息共享平台,以保证信息记录可以及时进行传达,降低信息不对称带来的额外成本。

五是企业积极承担社会责任。根据"谁污染谁治理"原则,大部分制造类企业在生产经营过程中会排出大量污染物,所以相关企业应承担起环境污染防治的责任。因为企业的发展应该基于社会环境,树立企业的社会责任意识,积极承担社会责任,从而获得政府及社会大众的认可,这样才可以获得自身所需的资源,才能长期稳定地在富有竞争力的社会中良好发展。

5 企业投资中环境信息披露情况分析

企业投资中环境信息披露对企业绩效有一定影响，尤其是重污染企业。按照可持续发展理论，公司如果想要达成可持续发展的目的，需要站在客户的角度进行思考，持续对环境质量进行改善，并且依照政府和市场的需求增加对环境保护资金投入，这是一笔环保战略的投资，可以帮助提升企业的环境信息披露，获得广大消费者的青睐及政府的支持，能够使得企业得到更多的利益，积少成多，聚沙成塔。企业坚定不移地执行环保战略，可以让企业建立正面、积极的绿色环保形象，可持续发展，不断提高企业财务绩效。

根据信号传递理论，企业需要保持投资者对其盈利能力的良好预期，企业需要履行环保责任，让绩效更好。企业主动进行披露，一方面，是为了达到利益相关者对于企业环保的要求；另一方面，和那些没有进行披露的企业相比，更具有竞争优势。投资者及消费者会更喜欢主动披露的企业，而且这样做还能增强投资者对企业未来现金流的信心，让企业的投资风险得到有效的降低，最终使得企业在环保及财务方面实现双赢。

根据利益相关者理论，政府属于企业的利益相关者，企业如果想要得到税收方面的优惠政策或是环境保护的财政补贴等一系列的相关政策支持，需要配合当地管理者的工作，主动进行披露。企业的股东及企业的债权人，都是企业的重要利益相关者。企业的运营资金都由这些人提供，获得更多的投资，企业的市场竞争力也会变得更强，经营能力得到提升，进而财务绩效变好。与此同时，更多的资金流入环保，更容易得到债权人及股东的投资，形成良性循环。

从企业可持续发展的角度分析，再到剖析信号传递理论对企业的影响，最后从利益相关者的角度进行梳理。为了实现稳定发展的目标，获得稳定且长期的利润，企业会优先考虑保护环境，让环境治理的水平得到提高；在信息披露方面，企业积极主动。与此同时，为了得到政府、消费者、投资者等利益相关者的好评，企业也会努力提高环保投资，积极履行环境保护义务。这样做相当于向利益相关者释放出信号：企业的环境保护意识很强，并积极开展环境保护治理。这就能成功塑造绿色环保的正面形象，增强企业的市场竞争力，提高企业的财务实力。

整理上述的理论分析，提出以下假设：

假设1：在重污染行业的上市公司中，环境信息披露和企业财务绩效正相关。

假设2：环境信息披露可能有时间滞后作用。

在我国，关键的重要行业基本都是国有控股企业。这些企业是国家发展的命脉，对于国家至关重要。正是因为有如此重要的地位，因而对于国企的要求更高。它们要承担比一般企业更多的社会责任，肩负比普通企业更重的环境保护责任，被要求披露的内容更详细、更真实。和国有控股企业对比可知，非国有控股企业和政府之间联系可能没有那么紧密，受到的干预会小很多、宽松很多。要构建社会主义和谐社会，国有控股企业需要严格执行环保政策，发挥示范引领作用，承担环境保护义务，不断提高环境支出占总支出的比例，并在公开环境信息方面起到引导者的作用。保证国有资金投资效益是国有控股企业的职责，应当维护和增加国有资产价值，负责落实国家产业发展战略布局，贯彻落实国家有关法律法规，带头履行社会责任。

由上述的分析，提出假设：

假设3：重污染行业上市公司，在国有企业及非国有企业样本中，环境信息披露与企业财务绩效的关系存在不同状态。

5.1 实证设计

5.1.1 样本选择

选择的研究样本是 2009—2018 年沪深两市重污染行业的上市公司(详细的分类标准见附录),并且按照下列条件对数据进行处理:去掉没有社会责任报告或环境报告缺少的企业;去掉 ST 类亏损公司;去掉数据缺失的、存在极端值的企业,并进行 5%和 95%的 Winsorize 处理,防止极端值影响。最终获得 734 家公司作为样本,10 年内一共有 4 712 个观测值。

5.1.2 数据来源

查阅上交所、深交所官网发布的企业年报、企业每年自行发布的社会责任报告、部分企业发布的可持续发展报告、环境报告书等,手工收集整理,设立环境信息披露的评价指标共 10 项,进行打分汇总,最终得到环境信息披露指数(*EID*)。其他数据来自 CSMAR,使用 Excel 对数据进行早期预整理,后期的统计分析采用的软件是 Stata15.0。

5.1.3 变量选择

1. 被解释变量——财务绩效

财务指标可以总结为两类:会计和市场。前一种是以财务报表为基础计算,后一种的数据源自资本市场。一般来说,会计类的指标是根据财务报表的数据,经过一系列运算后得到的,只能体现一家公司在之前年度的财务情况;市场指标能够体现整个市场对于公司的现在及未来的期望。如果信息是开放的且是对称的,市场类财务指标同样可以用来表示公司以前的财务绩效。选择市场指标,是因为财务指标的原始数据都由财务报表得到,展示企业过去 1 年的经营成果,并不能展现市场对于其价值的评估。

为了提高研究结果的说服力，选择托宾 Q 值，该指标可以很好地反映市场对上市公司的经营绩效的整体评价。

2. 解释变量——环境信息披露指数

企业披露环境信息有很多种方式，对于环境信息披露的研究重点及难点，是考虑如何去量化评价这些信息。通过阅读整理大量文献，有两种衡量环境信息披露的办法：一是直接采取权威机构的数据，如吕备和李亚男（2020）等出具的《企业环境信息披露指数》中的官方评分作为环境信息披露指数；二是采用内容分析法，自行设计评价标准和体系，如毕茜、彭珏和左永彦（2012）构建披露信息的评价体系，测算 EID。内容分析法是学术界采用最多的办法。因而采用内容分析法，通过构建评价体系，进而得到 EID。

根据上交所发布的《关于加强上市公司社会责任承担工作暨发布〈上市公司环境信息披露指引〉的通知》，再结合重污染行业企业的自身特点及学术界在环境信息方面的内容分类，整理出 10 个有关环境信息披露的评价指标，并设置相应的评分标准，将环境信息分成政策或措施两类信息。政策信息和措施信息又分别细分为几类：不存在有关信息披露，为"0"分；简略的定性披露，为"1"分；详细定性描述或定量，为"2"分；详细定性描述加上定量信息披露，则为"3"分。人工手动查阅企业的财务报告，翻阅整理企业的社会责任报告及环境信息披露内容，并对其内容按照设定的标准进行评分，最终得到 EID，见表 54。

表 54　　*EID* 评价指标

指　标	披露项目	得　分
措施指标	(1)企业环保投资和环境技术开发	0～3
	(2)与环保相关的政府拨款、财政补贴与税收减免	0～3
	(3)企业污染物的排放及排放减轻情况	0～3
	(4)政府环保政策对企业的影响	0～3
	(5)有关环境保护的贷款	0～3
	(6)与环保相关的法律诉讼、赔偿、罚款与奖励	0～3

续表

指　标	披露项目	得　分
政策指标	(7)其他与环境有关的收入与支出项目	0～3
	(8)ISO 环境体系认证相关信息	0～3
	(9)生态环境改善措施	0～3
	(10)企业环境保护的理念和目标	0～3

3. 控制变量

参考前人的研究[孟晓华、曾赛星和张振波(2012),常凯(2015),张国清和肖华(2016),李恬和李强(2018)],从企业特征、财务状况及公司治理三方面进行控制变量的选择,最终将以下变量选定作为控制变量。

(1)营业收入增长率

用营业收入增加率来表示一个企业的成长能力,这个指标展示的是企业的发展速度及发展趋势。

(2)资产负债率

企业的资产负债率即企业的财务杠杆,通常用来描述一个企业的偿债能力。通常来说,一个企业的资产负债率越高,其负债较多、资产较少,这样企业的偿还债务能力相对较弱,对企业的财务绩效也会有一定的影响。

(3)资本密度

资本密度采用总收入除以所有者权益来衡量,该控制变量能够影响企业财务绩效。

(4)股权性质

股权性质,可以用来区分国有企业及非国有企业,将其设定为虚拟变量:国企为“1”,非国企为“0”。

(5)企业规模

一般来说,资产规模较大的企业,往往展现的规模效应会更强,能够吸引更多优秀的人才,企业的市场竞争力往往很强,获取资源的能力也较强,企业的财务绩效会更好。企业的规模变量，用企业期末总资产的自然对数来表示。

(6)股权集中度

股权集中度，通常用来衡量股权分配状态，使用的是前 10 名股东的持股比例。

(7)董事会规模

董事会规模指的是构成董事会的人数总和，该数据来源于国泰安数据库。董事会的规模可以用来反映企业的股东股权结构比重。一般而言，董事会的构成人数越多，企业的高管团队中有更多的人力资源，就能拥有更多的信息，通过对不同的观点和看法沟通会激发新的想法，有助于公司业绩的提升。

(8)独立董事比例

独立董事比例是指独立董事人数占董事会总人数的比例，该数据来源于国泰安数据库。按照法律规定，公司必须要设置一定比例的独立董事，他们可能是外部的专家或学术界精英，可以为企业的重大生产经营决策，提供一些宝贵意见。但实际上，很多公司的独立董事是虚设，仅仅为了达到法律的要求，所以独立董事的比例可以用来衡量企业外部监督及企业自身内部治理情况。独立董事能够监督企业履行受托责任，并能对履行情况进行客观的评价，提高企业的管理专业水平，让企业能够对外进行充分、可靠的披露。企业的独立董事人数越多，企业的管理者和股东被监督制衡的力度也就越大，监督的效果会更好。

(9)监事总规模

监事总规模指的是主并购方的监事会人数总和，这一数据来源于国泰安数据库。

对以上变量整理汇总如表 55 所示。

表 55　　变量名称及定义

变量类型	变量名	变量符号	变量定义
被解释变量	财务绩效	*TBQ*	托宾 *Q* 值
解释变量	环境信息披露	*EID*	环境信息披露的水平

续表

变量类型	变量名	变量符号	变量定义
调节变量	高管年龄	*AGE*	高管的平均年龄
	高管任期	*TENURE*	高管的平均任期
控制变量	政治关联	*PC*	政治关联
	资产负债率	*LEV*	资产负债率
	营业收入增长率	*GROWTH*	营业收入增长率
	资本密度	*CI*	总收入除以所有者权益
	企业规模	*SIZE*	企业的规模,取值为总资产的自然对数
	股权性质	*STATE*	区分国企及非国企
	股权集中度	*TOP*10	前十大股东股权

5.1.4 模型构建

自变量选择 *EID*,因变量选择 *TBQ*,调节变量选择高管特征,会对企业的财务绩效及环境披露产生影响的一些其他变量设定为控制变量,如企业规模 *SIZE*、企业的杠杆 *LEV* 等。

首先,模型中只有自变量和因变量及一些控制变量,用来检验环境信息披露对企业绩效的影响;其次,探索在国企和非国企的样本组,环境信息披露对企业绩效的影响是否存在不同;然后,在模型中增加高管特征变量;最后,探索高管特征的调节作用。建构环境信息披露对财务绩效影响模型如下:

$$TBQ_{i,t}=\alpha_1+\alpha_2 EID_{i,t}+\alpha_3 Controls_{i,t}+\varepsilon_{i,t} \quad \text{(模型 5—1)}$$

$$TBQ_{i,t}=\alpha_4+\alpha_5 EID\_1_{i,t}+\alpha_6 Controls_{i,t}+\varepsilon_{i,t} \quad \text{(模型 5—2)}$$

$$TBQ_{i,t}=\alpha_7+\alpha_8 EID\_2_{i,t}+\alpha_9 Controls_{i,t}+\varepsilon_{i,t} \quad \text{(模型 5—3)}$$

其中,$TBQ_{i,t}$ 代表 t 年度 i 企业财务绩效,$EID_{i,t}$ 指的是 t 年度 i 企业的环境信息披露指数,$EID\_1_{i,t}$ 代表环境信息披露指数滞后 1 年的指标,$EID\_2_{i,t}$ 代表环境信息披露滞后 2 年的指标,$Controls_{i,t}$ 代表系列控制变量,$\varepsilon_{i,t}$ 代表模型的残差项。

为了探究国企与非国企是否存在一定的差别，对样本进行分类后，再进行分组回归。

5.2 实证分析

5.2.1 描述性统计

从平均值、标准差、中位数、最大值、最小值等方面，对收集的2009—2018年的数据进行描述性分析，如表56所示。

表56 样本描述性统计

变量	观测数	平均值	中位数	标准差	最小值	最大值
TBQ	4 712	2.156	1.699	1.518	0.699	28.30
EID	4 712	0.157	0.133	0.120	0	0.400
AGE	4 712	47.41	47.43	3.096	41.80	52.80
TENURE	4 712	20.57	20	3.593	15	28
PC	4 712	0.111	0.100	0.079 4	0	0.278
*TOP*10	4 712	56.59	56.66	15.87	1.320	98.58
GROWTH	4 712	0.403	0.111	10	−0.975	665.5
LEV	4 712	0.453	0.452	0.224	0.007 08	2.992
SIZE	4 712	22.26	22.05	1.339	18.16	28.51
CI	4 712	1.220	1.060	25.45	−169 9	199.7
STATE	4 712	0.505	1	0.500	0	1
BSS	4 712	3.900	3	1.310	1	10
BOD	4 712	9.013	9	1.835	0	18
IND	4 712	36.74	33.33	5.532	0	71.43

环境信息披露指数(*EID*)的平均值为0.157，该指数普遍偏低，最大值为0.4，最小值是0，中位数是0.133，标准差为0.12，这表明不同企业之间的环境信息披露存在很大的差异，环境信息披露的水平很低且有很大的提升可能性。因变量财

务绩效（*TBQ*）的最大值为 28.3，最小值是 0.669，平均值为 2.156，中位数为 1.699，说明有的企业绩效表现突出，有的企业绩效很差，且大多数企业财务绩效未达到行业平均值。

对于高管特征这一系列调节变量来说，企业高管平均年龄（*AGE*）为 47，最小值为 34，最大值为 64，这说明不同企业的高管团队的平均年龄跨度差异十分显著；高管的平均任期（*TENURE*）时长达到 20 年，最低值为 15 年，最高值为 28 年；高管团队中具有政治关联高管的占比（*PC*）平均为 11.1%，即高管团队中平均每 11 人就有 1 人存在政治关联背景，最小值为 0，最大值为 27.8%，这一比例在很大程度上说明不同企业之间拥有的政治关联的高管比例差异十分巨大。

对于控制变量来说，公司的规模（*SIZE*）均值为 22.26，中位数为 22.05，最大值是 28.51，最小值是 18.16，标准差为 1.339，表明大多数公司的规模基本相同，但极端的两头差异很大，符合正态分布；公司的成长性（*GROWTH*）平均值是 0.403，中位数是 0.11，最大值为 665.5，最小值为−0.975；财务杠杆（*LEV*）的平均值为 0.453，中位数为 0.111，说明多数企业的负债很多，都是高杠杆运营模式，最大值为 2.992，说明该企业负债太多、运营风险很大，最小值接近于 0，说明该企业没有负债，近乎零杠杆，不同企业的杠杆不同，所面对的风险也不同；资本密度（*CI*）的平均值为 1.22，中位数为 1.06；股权集中度（*TOP*10）的均值为 56.59%，中位数为 56.66%，说明重污染行业企业的前十大股东基本占据公司股份的 50%以上，最大值达到 98.58%，最小值为 1.32%，说明不同公司的股权集中程度相差十分巨大；董事会成员人数（*BSS*）的平均值为 4 人，中位数为 3 人，最小值为 1 人，最大值为 10 人；监事会规模（*BOD*）平均值为 9 人，中位数为 9 人，标准差为 1.835，说明大多数公司的监事会人数组成差不多，最大值为 18 人，最小值为 0；独立董事占比（*IND*）最高值为 77.43%，最低值为 0，平均值为 36.74%，中位数为 33.33%，说明大多数企业独立董事的占比比平均水平要低。

因为可能会存在个体的差异，把样本分成国企和非国企两组，来研究重污染行业国企与非国企之间的差别，见表 57。

表 57　变量的相关系数矩阵

变量	国有企业						非国有企业					
	观测数	平均值	中位数	标准差	最小值	最大值	观测数	平均值	中位数	标准差	最小值	最大值
TBQ	2 334	2. 392	1. 894	1. 700	0. 699	28. 30	2 378	1. 924	1. 490	1. 272	0. 749	11. 99
EID	2 334	0. 132	0. 100	0. 114	0	0. 400	2 378	0. 182	0. 200	0. 121	0	0. 400
AGE	2 334	46. 67	46. 60	3. 014	41. 80	52. 80	2 378	48. 13	48. 37	3. 004	41. 80	52. 80
TENURE	2 334	19. 35	19	3. 096	15	28	2 378	21. 77	22	3. 647	15	28
PC	2 334	0. 103	0. 093	0. 0773	0	0. 278	2 378	0. 118	0. 105	0. 0807	0	0. 278
*TOP*10	2 334	56. 67	57. 31	15. 26	1. 320	95. 28	2 378	56. 51	55. 81	16. 46	10. 37	98. 58
GROWTH	2 334	0. 319	0. 136	3. 170	−0. 975	140. 2	2 378	0. 484	0. 0891	13. 72	−0. 967	665. 5
LEV	2 334	0. 378	0. 366	0. 207	0. 007	2. 394	2 378	0. 527	0. 536	0. 217	0. 0156	2. 992
SIZE	2 334	21. 80	21. 73	0. 969	18. 16	25. 31	2 378	22. 71	22. 54	1. 491	18. 29	28. 51
CI	2 334	0. 374	0. 886	35. 57	−1699	31. 16	2 378	2. 050	1. 254	6. 379	−18. 70	199. 7
BSS	2 334	3. 377	3	0. 877	2	9	2 378	4. 413	5	1. 454	1	10
BOD	2 334	8. 486	9	1. 419	4	15	2 378	9. 531	9	2. 039	0	18
IND	2 334	37. 03	33. 33	5. 485	0	66. 67	2 378	36. 46	33. 33	5. 565	0	71. 43

就环境信息披露指数(EID),国有企业的平均值为0.132,最大值为0.4,最小值为0,极端值之间相差很大,中位数为0.1,标准差为0.114;非国有企业平均值为0.182,中位数为0.2,标准差为0.121。对比来看,国有企业的环境信息披露指数的均值及中位数都低于非国有企业,说明在环境信息披露方面非国有企业比国有企业要做得更好。因变量财务绩效(TBQ),国有企业的均值为2.392,比均值仅为1.924的非国有企业更好,国有企业中位数为1.894,高于非国有企业的1.49,说明财务绩效方面国企优于非国企;国有企业的最大值为28,非国有企业的最大值为11.99,两者相差很大;国有企业最小值为0.669,非国有企业最小值为0.749,两者相差不大。控制变量及调节变量不再一一对比解释。

5.2.2 相关性分析

表58是相关性分析的结果。变量之间的相关系数都小于0.5,不存在多重共线性,不会影响最终的回归结果。环境信息披露和财务绩效正相关的结果比较符合前文进行的理论分析。为消除多重共线性,对所有的变量进行VIF检验,结果如表59所示。VIF都小于2,说明模型没有多重共线性。

表 58　变量的相关系数矩阵

变量	*TBQ*	*EID*	*TOP*10	*GROWTH*	*LEV*	*SIZE*	*CI*	*BSS*	*BOD*	*IND*
TBQ	1									
EID	0.203***	1								
*TOP*10	−0.129***	0.0110	1							
GROWTH	−0.015 0	−0.007 00	0.044***	1						
LEV	−0.226***	0.191***	−0.071***	0.0190	1					
SIZE	−0.442***	0.298***	0.321***	0.0190	0.335***	1				
CI	−0.038***	0.023 0	0.008 00	0.002 00	−0.002 00	0.031**	1			
BSS	−0.148***	0.159***	0.041***	0.007 00	0.234***	0.337***	0.007 00	1		
BOD	−0.173***	0.125***	0.084***	−0.002 00	0.210***	0.342***	0.013 0	0.435***	1	
IND	0.025*	−0.007 00	0.026*	−0.022 0	−0.041***	−0.005 00	0.005 00	−0.083***	−0.365***	1

注：*** 为 $p<0.01$，** 为 $p<0.05$，* 为 $p<0.1$。

表 59 **VIF 检验**

VARIABLE	*SIZE*	*BOD*	*BSS*	*LEV*	*IND*	*TOP*10	*EID*	*GROWTH*	*CI*
VIF	1.57	1.53	1.32	1.21	1.18	1.18	1.12	1	1

5.2.3 结果分析

1. 回归分析

首先通过豪斯曼(Hausman)检验来判断属于固定效应模型还是随机效应模型。豪斯曼检验的原假设是假定随机效应是正确的模型,若 p 值均为 0,拒绝原假设,那就是固定效应模型。然后再判断模型的类别,经过检验,确定为变截距个体固定效应模型。

固定效应的回归采用的是聚类稳健的标准误。环境信息披露对财务绩效的作用可能不会在当下显示,因为影响作用可能需要一定的时间,所以将 *EID* 滞后一期和两期,其他变量保持不变,回归结果如表 60 所示。对于解释变量 *EID* 滞后两期,5%显著性,环境信息披露与财务绩效正相关,其回归系数为 0.326,表明如果一个企业环境信息披露越好,该企业的财务绩效就越好,这与假设 1 的推测保持一致。当期 *EID* 和滞后一期 *EID* 的回归结果都不显著,而滞后两期 *EID* 的结果显著,这个结果显示环境信息披露对于财务绩效的影响存在一定的时间滞后效应,通常滞后 2 年左右,这和假设 2 的猜想一样。可以理解为,企业的环境信息披露的影响不会在当期产出结果,但具有一定的时间延后作用,可能会存在 2 年左右的时间延迟作用。企业的环境信息披露与企业的财务绩效具有正相关关系,并且有一定的时间滞后性,这种滞后作用的时间一般为 2 年左右。

表 60 **环境信息披露与企业绩效的回归结果**

模型	模型(1)		模型(2)		模型(3)	
变量	α 值	t 值	α 值	t 值	α 值	t 值
常量	12.606***	12.57	13.344***	12.94	11.423***	9.35
EID	0.031	0.23				
EID_1			0.232	1.43		
EID_2					0.326**	2.04
TOP10	−0.015***	−6.43	−0.008***	−3.52	−0.005**	−2.04
GROWTH	0.049	1.08	0.052	1.08	−0.124**	−2.45
LEV	−0.417**	−2.16	−0.470**	−2.38	−0.744***	−3.34
SIZE	−0.407***	−9.62	−0.459***	−10.5	−0.373***	−7.38
CI	−0.001***	−4.54	−0.004*	−1.71	0.008**	2.09
BSS	−0.019	−0.55	−0.032	−0.94	−0.051	−1.21
BOD	−0.043**	−2.35	−0.028	−1.52	−0.024	−1.19
IND	−0.001	−0.15	−0.001	−0.14	−0.001	−0.22
Adj_R^2	0.262		0.308		0.340	
Hausman 检验	74.72(0.0000)		58.4(0.0000)		58.69(0.0000)	
模型选择	FE		FE		FE	
样本数	4 702		3 861		3 237	
p	0		0		0	

注：*** 为 $p<0.01$，** 为 $p<0.05$，* 为 $p<0.1$。

2. 进一步的研究分析

假设中考虑到因国企和非国企样本可能存在差异，使得环境信息披露和财务绩效的关系可能会因为产权性质的不同而不同，所以进行分组回归，模型(3)是全样本进行回归，模型(4)是国有企业，模型(5)是非国有企业，回归结果见表 61。模型(3)为全样本，企业中 *EID* 对 *TBQ* 的回归系数为 0.468，5%显著性水平；模型(4)为国有企业组，在 1%显著性水平下，*EID* 与财务绩效正相关，回归系数为 0.665；模型(5)为非国有企业组，*EID* 与财务绩效没有显著的相关性。由此可知，假设 3 成立。国有企业的环境信息披露与财务绩效在 5%的显著性下呈显著正相关。国有企业是我国经济的中流砥柱，国家对于国有企业的一系列政策及管理的要求较高，它们需要履行更多的社会责任，承担更多的环境保护责任，应让企业更积极地进行环境信息披露工作。同国有企业相比，非国有企业受政府机构的监管相对宽松一些。

表 61　　国企以及非国企的回归结果

模型	模型(3)		模型(4)		模型(5)	
变量	α 值	t 值	α 值	t 值	α 值	t 值
Constant	13.695***	6.86	9.807***	6.97	18.269***	5.04
EID_2	0.468**	2.53	0.665***	2.78	0.304	1.02
*TOP*10	0.001	0.26	0.006	−1.22	−0.007	−1.04
GROWTH	−0.012***	−8.02	−0.014***	−12.34	−0.003	−0.91
LEV	−0.174	−0.63	−0.097	−0.3	−0.456	−1.11
SIZE	−0.498***	−5.72	−0.356***	−5.69	−0.659***	−4.11
CI	0.009	−1.39	0.01	−1.49	−0.004	−0.12
BSS	−0.045	−0.93	−0.012	−0.21	−0.175*	−1.71
BOD	−0.034*	−1.80	−0.028	−1.35	−0.03	−0.75
IND	0	−0.07	0.002	−0.34	0	0
Adj_R^2	0.229		0.209		0.191	
Hausman 检验	58.69(0.0000)		309.4(0.0000)		21.13(0.001)	
模型选择	FE		FE		FE	
样本数	3 237		1 733		1 504	
p	0		0		0.001 74	

注：*** 为 $p<0.01$，** 为 $p<0.05$，* 为 $p<0.1$。

5.3　稳健性检验

为了加强对于此前研究结论的可靠性，有待进行更进一步的实证检验来加强，用企业的资产收益率（*ROA*）替换之前所采用的托宾 *Q* 值来表示企业的绩效，并且再次进行回归，具体结果如表 62 所示。对于解释变量 *EID* 滞后 1 期在 1% 显著性水平上，环境信息披露与财务绩效呈正相关，回归系数为 0.34，说明如果企业在环境信息披露方面做得好，其财务绩效往往也会表现得更好，这与假设 1 保持一致。当期 *EID* 和滞后 2 期 *EID* 的回归结果都不显著，只有滞后 1 期 *EID* 是显著的，这说明环境信息披露对财务绩效的影响可能存在一定时间滞后的作用，这种滞后的影响和假设 2 一致，虽然滞后的年份不同，但证明滞后效应是存在的。

表 62　　环境信息披露对企业绩效影响的回归结果

模型	模型(1)		模型(2)		模型(3)	
变量	β 值	t 值	β 值	t 值	β 值	t 值
Constant	−0.005	−0.08	−0.026	−0.34	−0.016	−0.17
EID	0.014	1.33				
EID_1			0.034***	2.79		
EID_2					0.016	1.14
TOP10	−0.001***	−3.72	−0.001***	−2.9	−0.001**	−2.19
GROWTH	−0.000**	−2.09	0.000	0.77	−0.000	−0.59
LEV	0.192***	10.09	0.206***	8.21	0.227***	9.43
SIZE	−0.003	−1.2	−0.003	−0.76	−0.004	−0.95
CI	−0.000	−0.36	−0.001***	−4.71	−0.002**	−2.26
BSS	0.002	0.9	0.001	0.42	0.002	0.84
BOD	−0.003**	−2.55	−0.003***	−3.10	−0.003**	−2.12
IND	0.000	0.37	0.000	0.62	0.000	0.95
Adj_R^2	0.280		0.261		0.274	
Hausman 检验	77.29(0.000 0)		61.05(0.000 0)		39.94(0.000)	
模型选择	FE		FE		FE	
样本数	4 702		3 861		3 237	
p	0		0		0	

注：*** 为 $p<0.01$，** 为 $p<0.05$，* 为 $p<0.1$。

假设中考虑到因国企和非国企样本可能存在差异，使得环境信息披露对财务绩效的影响可能会存在一定的差异性，模型(3)是全样本，模型(4)是国有企业样本组，模型(5)是非国有企业样本组，结果如表63所示。从中可以看到，模型(3)为全样本，企业中环境信息披露(*EID*)对企业财务绩效(*ROA*)的回归系数为0.034，1%的显著性；模型(4)的回归结果显示，在1%的显著性水平上，国有企业的环境信息披露(*EID*)和其财务绩效正相关，回归系数为0.044；模型(5)的结果显示，非国企环境信息披露(*EID*)与其财务绩效并没有相关性。由此可知，假设3成立。

表63　国企以及非国企的回归结果

模型	模型(3)		模型(4)		模型(5)	
变量	β值	t值	β值	t值	β值	t值
Constant	−0.026	−0.34	−0.242***	−2.67	0.152	1.22
EID	0.034***	2.79	0.044***	2.67	0.021	1.2
*TOP*10	−0.001***	−2.9	−0.000	−1.17	−0.001***	−3.23
GROWTH	0.000	0.77	0.000**	2.1	−0.001**	−2.46
LEV	0.206***	8.21	0.233***	7.48	0.180***	4.4
SIZE	−0.003	−0.76	0.006	1.28	−0.011**	−2.05
CI	−0.001***	−4.71	−0.001***	−3.95	−0.000***	−4.28
BSS	0.001	0.42	−0.003	−1.17	0.008*	1.82
BOD	−0.003***	−3.10	−0.002*	−1.89	−0.002	−1.06
IND	0.000	0.62	0.000	0.64	0.000	0.85
Adj_R^2	0.261		0.226		0.247	
Hausman 检验	61.05(0.000 0)		44.54(0.000)		19.88(0.010)	
模型选择	FE		FE		FE	
样本数	3 861		2 016		1 845	
p	0		0		0	

注：*** 为 $p<0.01$，** 为 $p<0.05$，* 为 $p<0.1$。

5.5 结论

通过上述分析可以看出，目前大多数企业的环境信息披露情况较差，因为企业在披露内容和方式上有很大的自由决定空间。“报喜不报忧”的情况让监管部门及公众都无法知道企业的真实情况。所以，政府和有关监管部门需要建立科学有效的披露管理机制，加大环境监管力度，必要的时候可以使用法律的手段来确保制度的设定及其实施，并且需要保证有关的服务到位。对于重污染行业企业应当给予高度重视，实行更严格的法律、法规以加大监管的力度。目前的政策虽然已经强制企业披露，但仍缺少统一的标准及可执行性的法规，所以，有必要完善一套合理且准确的环境信息披露评价体系，要求各组织坚持披露信息，积极引导企业的环保行为。

6 影响环境规制与环保支出关系的情况

企业作为微观主体，消耗着大量的自然资源，其外部性行为加剧了环境污染和生态破坏，成为最大的污染排放源。在政府环境规制日益加强的压力下，一味追求私利最大化的企业不得不重视生产期间破坏环境所要承担的政治成本，迫使自身加入可持续发展战略的主力军，积极进行环保投资。但由于环保支出不仅具有投资周期长、收益率低的特点，还可能会严重制约或挤占企业对其他经济性项目和生产性工程建设项目的投资，这使得企业不愿意主动进行环保投入、开展环境污染综合治理活动。环保投资既然是投资的一种形式，就必定会受到资金成本、收益、风险等各种因素限制。当企业内部积累资金不足而外部融资成本难以负担时，就产生融资约束问题。

目前，我国大部分企业均面临着不同程度的融资约束，主要体现在以下两个方面。一是在我国政府为主导的金融体制下，不同性质的企业面临的融资约束不同。通常来说，大型企业、国有企业或外资企业所面临的融资约束较小，而民营企业会遭受各种金融歧视，从正规渠道难以获得企业发展所需资金。二是各行业企业面临的融资约束不同。一般来说，社会服务业、采掘业面临较低的融资约束，而房地产业和信息技术业面临较高的融资约束，这在很大程度上影响企业的环保支出。由此可见，融资约束是影响企业进行环保投资的另一重要因素。

目前，环境规制是我国经济活动中的普遍要求，那么，环境规制强度大的省市是否会对属地企业产生特定的压力？不同环境规制水平下的企业的环保支出是否受其影响？融资约束是会促进还是减弱环境规制对企业环保支出的影响程度？

这些问题值得进一步探究。

在环境规制的相关研究中环境规制的度量是很重要的一步，由于环境规制涉及政策的制定、执行，规制效果会受到不同地区环境规制实施中的主观性影响。近年来，学者们针对环境规制做了大量研究，主要衡量方法有基于降低污染设备投入的方法、基于污染物（如二氧化硫、氨氮、COD）排放量的方法和综合评价方法。

基于污染治理投入的衡量方法。美国环境保护署进行“降污减排投入检查”是其对企业生产年度环保支出的统计调查。Morgenstern（2002）认为企业的环保投入越多，反映监管部门对环保要求越高，此时的规制强度也越高。因此，他根据美国环保署的统计数据，运用企业在采购环保设备及设备运转支出方面的数据作为当地环境规制强度的度量指标。Krueger 和 Grossman（1998）运用污染减排成本与产业增加值或劳动者数量之比衡量环境规制强度。Levinson（1996）等认为企业环保部门的职员数量及所受的相关法律惩处次数反映当地环保监管是否严格，以此来衡量规制强度。Palmer 和 Pearce（2001）认为应当将当地政府与企业在环保方面支出合计作为衡量指标。Gray（2001）则将美国与污染治理及预防相关的支出合计作为衡量规制强度的标准。我国学者也提出了自己的观点。张成等（2011）将污染减排支出占当地单位产值的比重作为衡量标准。赵红（2007）将单位工业总产值的环保设备运行费用作为环境规制强度。马歆等（2019）以各省排污费占地方财政一般预算收入的比重来测度环境规制强度。陈东等（2018）、赵丽娟等（2019）、刘帅和杨刚强（2019）采用了相似的测度基于综合评价的衡量方法。采用综合评价方法要求所采用的理论架构能够多维度地体现环境规制强度，并在此基础上建立指标体系。张瑞和陈德敏（2012）认为环境规制指标体系的构建应当包括环境规制监管体系、技术体系、法规政策体系和服务体系四个维度。原毅军等（2014）选择“三同时”投资、环境评价数量及人口密度 3 个指标，运用熵值法确权来构建环境规制指标。孔海涛等（2019）、游达明等（2019）也采用了相同的方法。

除以上方法外，中外学者还提出基于自然试验的倍差法。一个地区政府对空气设定质量指标，设定指标后政府为了当地空气质量达到要求会提出相应的监管措施，地区能否达成指标可以用来衡量环境规制强度。Henderson(2000)运用这一方法验证了环境规制可以提高当地的环境质量，同时环境规制也对高污染企业进入该地区形成了障碍。Kahn(2013)运用这种方法研究表明环境规制使高污染企业远离这一地区，从而对重污染企业的分布产生影响。陈刚和李树(2013)对这一方法进行了修正，并采用修正后的倍差法分析了环境规制强度如何影响中国工业行业生产率的增长。也有学者认为国内生产总值可以反映环境规制强度的高低，研究发现一个国家经济发展水平越高、居民收入越丰厚，其国内的环境规制也就越严格。但是这种情况在发展中国家与发达国家存在差异：在发展中国家，收入越高产生的环境破坏越严重，也就是说在发展中国家收入水平尚未超过环境库兹涅兹曲线的拐点，尚未引起结构性变化。

关于环境规制与企业环保支出的研究目前有四种不同的结论，即环境规制与企业环保支出之间可能存在正相关关系、负相关关系、“U”型关系和倒“U”型关系。正相关关系认为在一定的阈值范围内，污染税(环境规制的一种形式)与减排投资正相关。负相关关系认为环境规制与企业环保支出呈显著负相关，我国目前环境规制水平并不能促进企业增加环保投资，国有上市公司在环境保护方面的投入较非国有上市公司要低。“U”型关系认为环境规制对环保投资具有“双重影响”，即二者之间呈“U”型关系，环境规制对企业环保投资行为的影响存在“门槛效应”，企业环保投资行为更多地体现出“被动”迎合政府环境管制需要的特征，重污染行业会比非重污染行业企业投入更大规模的环保资金。倒“U”型关系认为企业环保支出与环境规制呈倒“U”型关系，表明环境规制对企业环保投资的影响存在“度”的限制。目前，大部分样本企业面临的环境规制强度较低，尚处于倒“U”型曲线的上升阶段，意味着环境规制强度的增强有助于增加环保支出。

6.1　假设的提出

6.1.1　环境规制影响企业环保支出的路径

根据合法性理论和波特假说，政府为治理环境污染而推出的一系列政策和制度，作为一种强制性的合法性要求，企业在政策约束下只能增加环保支出。同时，环境规制的实施会刺激企业加大环保支出，积极进行环保技术创新，增加企业产品的技术附加值和产业竞争力，从而创造竞争优势、提高企业价值。根据李维安(2015)的研究，政府在我国既作为企业的服务者，同时也是各种资源的分配权力的掌握者。企业十分依赖于政府出台的一系列规章制度，企业希望能够和政府达成良好的合作伙伴关系，尽可能实现政府对企业提出的要求，主动迎合政府进行环境保护，因而往往会采取严格遵守有关的政策规定的行为(李四海，2010)。当环境规制强度处于企业可承受范围内，企业会增加环保支出。但是，一旦当地政府对环境要求越来越严格，企业出于自身利益考虑可能不会再按照政府的要求去做。根据要素禀赋假说，企业会在权衡遵守环境规制的收益与成本的基础上决定是否进行环保支出。假若投入要素带来的收益显著高于付出的成本，企业在进行环保项目投资时能获取额外效益，此时企业就会积极配合政府环境管理的要求，接受严格的环境规制(唐国平，2013)；否则，企业宁愿接受政府的惩罚也不愿遵守相关政策，减少或不进行环保支出。Leiter 等(2011)通过实证发现，只有在一定范围内的环境规制才可以提高企业环保支出的积极性。根据以上分析，提出以下研究假设：

假设 1：当其他条件不变时，环境规制与企业环保支出规模之间呈倒“U”型特征。

我国环境规制政策按照传导路径的差异可以分成命令控制型、市场激励型及公众参与型三类。命令控制型是通过政府颁布相关规章制度来规范企业的环境保护行为，具有容易操作、见效快等特点。在这种要求下，企业不得不投入资金进行污染治理。虽然这种规制手段在短期内可以有效控制污染，但是实施成本很高，“一刀切”的政策标准在实践中也缺乏灵活性，很难达到预期的效果。与强制性规制政策不同，以税收、罚款和排污费为代表的市场激励型环境规制依靠市场竞争和价格机制引导企业采取行动以适应社会性规制的客观需求，将环境因素内生于企业生产函数中（王书斌，2015）。该规制手段考虑了企业的减排成本，利用市场力量对污染排放进行定价，有效配置了排污者的减排成本，将环境保护支出等外部性成本纳入企业内部投资决策进行考虑，使得企业愿意进行技术创新，增加环境投入，影响更广泛。由于市场在集中信息方面具有绝对优势，无须人力物力搜集信息，因此实施成本更低。市场激励型规制政策对排污者环保技术创新往往具有正向引导效果，可以持续鼓励企业进行环保支出，最大限度对污染实行源头削减，因此市场激励型规制政策的实施效果往往更好。对于公众参与型环境规制工具，由于其不是强制性约束协议，企业主动改善污染治理的动力源于消费者绿色理念和环保 NGO 的压力，再加上我国企业的生产经营相对独立，公众参与型政策难以左右企业的投资决策行为，导致该类政策容易流于形式，实施效果也较差。根据以上分析，提出如下研究假设：

假设 2：在其他条件不变的情况下，命令控制型和市场激励型规制政策对企业环保支出的正向影响比公众参与型规制政策更显著，并且市场激励型规制政策的最终实施结果要明显好于命令控制型所得到的最终结果。

6.1.2 融资约束对环境规制影响环保支出的调节机理

根据信息不对称理论，企业内部管理层掌握信息较充分，相对处于优势地位；外部投资者对于信息的掌握具有一定的局限性和滞后性。当企业需要资金但内部资金发生短缺时，外部投资者为了降低投资风险、维护自身利益，往往会通过提高收益要求等手段来弥补或降低信息不对称带来的风险，这使得企业需要付出较大的代价才能获得所需资金，存在融资困境。其一，即使受到国家法律法规、社会舆论及利益相关者的约束，企业自觉进行环境保护的意愿也仍不强，多为被动地承担社会责任，融资约束造成的资金困难将直接导致企业缩减回报周期较长且不稳定的环保投资规模；其二，环保投入由于风险较大，经济效益难以计量，对于以盈利为导向的企业来说，环保支出还会挤占一部分原本属于生产性支出的资金，造成投资机会的流失，使得企业在选择环保投资项目时更谨慎。

从长远发展的角度来看，当下的任何融资决策均会改变企业现在的资本结构，企业能够进行稳定经营的前提是：企业的资本结构需要维持在一个相对合理的最优水平。当企业的财务杠杆较高或融资约束较大时，外部融资渠道往往严重受阻，进而制约了投资支出。从短期发展的角度来说，融资约束严重的企业往往更倾向于内部融资，为了能及时抓住投资机会，出于预防性动机企业会增加现金持有量，保持资金流动性来抵御行业竞争风险，因此，企业在选择投资项目时会更谨慎，尤其是对于具有投资周期长、回报少、风险大、见效慢等特征的项目。根据资源基础理论，只有具备盈利能力和可持续发展能力的企业才会更注重企业的社会形象，投身社会责任活动。当企业获取外部资金较容易时，企业会更愿意将所获得的资金投放在环保支出等较长期的投资上；一旦外部融资不顺利，大量的环境支出意味着对本就不充足的企业资源“雪上加霜”，此时企业就不愿意履行环境保护的责任，想方设法抑制环保支出。根据以上分析，提出如下假设：

假设3：当其他条件不变时，融资约束在环境规制对企业环保支出的影响方面产生负向调节作用。

国有企业和民营企业作为两种性质不同的经营主体，由于所有制结构的不同在责任负担、公司治理及对市场的作用上存在诸多差异（刘瑞明，2012）。就环境投入而言，一般认为，国有企业由于自身政策优势，可以在银行或其他金融机构中得到更多的资金（罗长远和陈琳，2012），承担更多的社会责任，环保投入也更多。然而，与国有企业相比，非国有企业可能进行环保投资的意愿更强烈。其一，由于单个独立非国有企业体量相对较小，受到政府关注与保护的可能性较小，通常企业要付出很大的努力才能得到政府的关注、获取一定的信息与资源，如果能在此时响应政府环保要求就得到了一个良好的沟通渠道，那么企业会在自身的能力范围内尽力满足政府要求,积极响应政府号召,增加环保支出。其二,企业的经营环境离不开各利益相关者,为了在社会面前展现负责任的公司形象,非国有企业会更愿意进行环保投入。相比国有企业,非国有企业通常没有先天优势,政府和消费者对企业的信赖度和忠诚度相对较低,因而企业要想在市场中生存就需要花费大量的精力树立企业形象,满足政府的法律法规要求即为一种良好的途径。其三,根据信息不对称理论,非国有企业为了增加外部投资者对公司盈利能力的信心、展现公司良好的经营现状,会在环境政策法律法规面前以高标准来严格要求自己,并将其环境保护投资金额、各项污染治理成果等信息披露在《企业社会责任报告》《环境报告》等,从而向外界传达企业关注社会问题的良好形象,改善融资难融资贵的困境。因此说,非国有企业遵守环境政策、进行环保支出的意愿更强烈。根据上述分析,提出如下研究假设:

假设 4:不同产权性质下,融资约束程度对环境规制与非国有企业环保支出关系的影响要大于国有企业。

企业在进行战略决策过程中,不仅需要考虑企业自身特征,还需立足于企业所在的行业属性和行业特征(Chiaason 和 Davidson,2005)。市场环境及环境规制强度,不同的行业存在一定的差异性,导致市场竞争程度及业绩水平不同,进一步体现在企业的投资支出行为上(刘星等,2008)。大型重污染企业因其经营特点所造成的对环境的不可逆伤害远远大于非重污染类企业,因此,重污染行业受到国家及社会公众更严格的监管和监督,主动或被动在环境保护方面投入更多的资源。随着社会对环境问题的愈加重视,相关部门多次出台了一系列环保文件,其中,直接将重污染企业是否可以上市和是否通过环保审查挂钩,从根源上阻止不负责任的重污染企业在市场上融资,进一步提高重污染企业的污染治理水平。此时,重污染企业要想在市场上顺利获得外部资金,前提是要先严格遵守政府的政策规定,积极履行自身的环保义务(何贤杰等,2012)。沈洪涛(2014)通过研究发现,重污染类企业增加环保支出,主动披露积极履行社会责任的工作情况,可以向外部传达出积极的环保风险管理能力,缓解信息不对称的现状,稳定外部投资者

对企业的信心,从而可以减轻高融资约束的困境。根据上述分析,提出如下研究假设:

假设5:不同行业属性下,融资约束程度对环境规制与重污染企业环保支出关系的影响要大于非重污染企业。

6.2 模型设计

6.2.1 非平衡面板数据模型

面板数据因能容纳更多信息、结构更灵活等优点,在实证研究中受到很多学者的青睐。平衡面板数据要求各个时期在样本内的个体均完全一致,然而现实情况更多的是每个时期观测到的个体数存在较大差异。例如,观测对象是所有披露环保支出规模的A股上市公司,由于上市、退市及同一公司在不同年份的披露情况也不一定相同,导致同一时间点所有披露环保支出信息的公司数存在差异,从而引起各个时间点的截面数据不相同。根据该数据特点,非平衡面板数据更符合研究特征。

在对面板数据进行具体研究前,应先判断建立相关模型的具体类型。通常通过以下步骤进行判断:第一,进行Hausman检验,判断应采用固定效应还是随机效应模型;第二,进行模型形式检验,通过F检验判断究竟应采用不变系数模型、变截距模型或是变系数模型。选取非平衡面板数据模型,分别从命令控制型、市场激励型及公众参与型规制政策三条路径来研究政府环境规制程度对企业环保支出的作用。构建的回归模型如下:

(1)命令控制型规制政策对环保支出影响模型

$$EPI_{i,t}=\alpha_1+\alpha_2 ER_{1_{i,t}}+\alpha_3 Controls_{i,t}+\varepsilon_{i,t} \tag{6—1}$$

$$EPI_{i,t}=\alpha_4+\alpha_5 ER_{1_{i,t}}+\alpha_6 ER^2_{1_{i,t}}+\alpha_7 Controls_{i,t}+\varepsilon_{i,t} \tag{6—2}$$

(2)市场激励型规制政策对环保支出影响模型

$$EPI_{i,t}=\alpha_8+\alpha_9 ER_{2_{i,t}}+\alpha_{10} Controls_{i,t}+\varepsilon_{i,t} \tag{6—3}$$

$$EPI_{i,t}=\alpha_{11}+\alpha_{12}ER_{2_{i,t}}+\alpha_{13}ER_{2_{i,t}}^{2}+\alpha_{14}Controls_{i,t}+\varepsilon_{i,t} \quad (6-4)$$

(3)公众参与型规制政策对环保支出影响模型

$$EPI_{i,t}=\alpha_{15}+\alpha_{16}ER_{3_{i,t}}+\alpha_{17}Controls_{i,t}+\varepsilon_{i,t} \quad (6-5)$$

$$EPI_{i,t}=\alpha_{18}+\alpha_{19}ER_{3_{i,t}}+\alpha_{20}ER_{3_{i,t}}^{2}+\alpha_{21}Controls_{i,t}+\varepsilon_{i,t} \quad (6-6)$$

其中，$EPI_{i,t}$ 代表 t 年度 i 企业环保支出规模，$ER_{1_{i,t}}$ 代表 t 年度 i 企业所在省(直辖市)的命令控制型规制政策强度，$ER_{2_{i,t}}$ 表示市场激励型规制强度，$ER_{3_{i,t}}$ 表示公众参与型规制强度，$Controls_{i,t}$ 表示加入的控制变量，$\varepsilon_{i,t}$ 表示残差项。

6.2.2 调节变量和调节效应

若 Y 对 X 的关系与 M 具有函数效应，则将 M 称为两者之间的调节变量。在检验是否存在调节效应时，一般需对主要变量进行中心化处理，接着对 $Y=aX+bM+cXM+e$ 进行层次回归。

调节效应的检验与测量主要分为两种类型。一是将连续的主要变量和乘积项进行层次回归分析：首先做 Y 对 X 和 M 的回归，得到可决系数 R_1^2；再分别做 Y 对 X、M 和交乘项的回归，得到可决系数 R_2^2，比较 R_2^2 和 R_1^2 的差异，验证调节效应存在性；对 XM 的偏回归系数进行检验，如果显著，则说明调节效应存在。二是如果调节变量非连续、自变量连续，可以利用分组回归分析进行检验，通过回归方程组的可决系数判断调节效应。

针对研究对象所采用的调节变量是企业的融资约束，属于连续变量，因此通过对交乘项前的系数检验来判断调节效应。采用调节效应模型，以融资约束作为环境规制与环保支出两者之间的调节变量，从命令控制型、市场激励型及公众参与型规制政策三条路径，分别探究融资约束在上述变量之间的调节效应，并引入相应的控制变量，使得模型更加完善。回归模型如下：

(1)融资约束调节作用下命令控制型政策强度对环保支出影响模型

$$EPI_{i,t}=\beta_1+\beta_2ER_{1_{i,t}}+\beta_3FC_{i,t}+\beta_4Controls_{i,t}+\varepsilon_{i,t} \quad (6-7)$$

$$EPI_{i,t}=\beta_5+\beta_6 ER_{1_{i,t}}+\beta_7 FC_{i,t}+\beta_8 ER_{1_{i,t}}\times FC_{i,t}+\beta_9 Controls_{i,t}+\varepsilon_{i,t} \quad (6-8)$$

(2)融资约束调节作用下市场激励型政策强度对环保支出影响模型

$$EPI_{i,t}=\beta_{10}+\beta_{11} ER_{2_{i,t}}+\beta_{12} FC_{i,t}+\beta_{13} Controls_{i,t}+\varepsilon_{i,t} \quad (6-9)$$

$$EPI_{i,t}=\beta_{14}+\beta_{15} ER_{2_{i,t}}+\beta_{16} FC_{i,t}+\beta_{17} ER_{2_{i,t}}\times FC_{i,t}+\beta_{18} Controls_{i,t}+\varepsilon_{i,t} \quad (6-10)$$

(3)融资约束调节作用下公众参与型政策强度对环保支出影响模型

$$EPI_{i,t}=\beta_{19}+\beta_{20} ER_{3_{i,t}}+\beta_{21} FC_{i,t}+\beta_{22} Controls_{i,t}+\varepsilon_{i,t} \quad (6-11)$$

$$EPI_{i,t}=\beta_{23}+\beta_{24} ER_{3_{i,t}}+\beta_{25} FC_{i,t}+\beta_{26} ER_{3_{i,t}}\times FC_{i,t}+\beta_{27} Controls_{i,t}+\varepsilon_{i,t} \quad (6-12)$$

其中，$EPI_{i,t}$ 代表 t 年度 i 企业环保支出规模，$ER_{1_{i,t}}$ 代表 t 年度 i 企业所在省(直辖市)的命令控制型政策强度，$ER_{2_{i,t}}$ 表示市场激励型政策强度，$ER_{3_{i,t}}$ 表示公众参与型政策强度，$FC_{i,t}$ 表示融资约束水平，$Controls_{i,t}$ 表示加入的控制变量，$\varepsilon_{i,t}$ 表示残差项。

6.2.3　样本选取与数据来源

选取 2013—2018 年独立披露企业环保支出金额的 A 股所有上市企业作为研究样本。通过查阅企业社会责任报告中披露环境信息部分的内容，手工整理得到企业环保支出数据，并对样本公司进行以下处理：剔除研究时间段内的 ST、ST* 及从事金融业的企业；剔除在搜集数据时数据严重不完整的公司。通过以上步骤，最后得到 2013—2018 年期间披露环保支出金额的社会责任报告共 2 446 份，其中 2013 年 372 份、2014 年 378 份、2015 年 395 份、2016 年 402 份、2017 年 430 份、2018 年 469 份。三种环境规制政策中所包含的数据，都是从《中国环境统计年鉴》《中国统计年鉴》中查询所得，均由笔者手动整理得到，企业社会责任报告来自巨潮资讯网。控制变量及融资约束数据来自国泰安数据库。在后续的实证分析中，为减小数据中极端值的不稳定因素，对模型中的主要变量在 1%和 99%分位数上进行了 Winsorize 处理。

6.2.4 变量设定

1. 被解释变量

企业环保支出（EPI）：参考唐国平等（2013），选取企业环保支出与主营业务收入的比率来测度企业环保支出，主要包括环境保护设施的建设与运转费用、绿色环保技术的引进资金和各种排污费投资。由于不同行业企业经营规模存在较大差异，环保支出金额的绝对数可比性较差，因此通过相对指标来衡量。

2. 解释变量

根据前文的描述，目前学术界对环境规制指标没有统一的标准，学者们在各自的研究中采用了不同的指标，包括单一指标和综合类指标。将按照传导路径对环境规制的类型进行区分，分成三种不同的类型。

命令控制型环境规制（ER_1）：命令控制型环境规制是强制性的政策手段，相关规章制度涉及资源管理和污染控制的方方面面，通常具有明确的技术标准和绩效标准。"三同时"制度自 1973 年颁布以来，在我国得到了广泛应用，这项制度明确规定了企业的环保设施及企业的建设项目主体工程应在同一时间内进行设计、开展施工及准备投产，有效地防止污染的产生。因此，参考张江雪（2015），采用企业所在省份实际执行"三同时"项目环保投资金额与该省份工业增加值的比值来测量命令控制型政策程度。该比值越高，意味着当地政府对于环境污染越重视，管控措施越严格。

市场激励型环境规制（ER_2）：市场激励型环境规制是通过环保税、排污费或排污权交易等工具，依靠市场竞争和价格机制对污染排放进行定价，将企业外部费用内部化，鼓励企业降低排污水平，实现环保技术创新，而不是通过直接规定排污限额或技术标准来规范排污者的行为，最终得到企业效益提升和环境保护的双赢。由于我国的排污费制度于 1979 年就已确立，实施时间较长，并经相关部门多次调整修改，政策相对成熟；而排污权交易仅在我国部分地区尝试探索，市场尚不完善。因此，参考王云(2017)，黄清煌和高明(2016)，许晓燕、赵定涛和洪进(2013)，冯波(2016)，通过使用企业所在省市排污费收入占工业增加值比重作为测量依据。

公众参与型环境规制(ER_3)：企业的排污决策受到公众对企业污染及破坏环境行为的监督举报的影响，这样不仅使得政府环境监管成本下降，而且有利于维护公众对环境保护的积极性。现实中，由于公民参与基于自愿，不具有强制性，因而参与能力和水平存在差异，导致公众可以参与的环境规制形式不仅有限，而且作用时间相对较长，容易流于形式。由于环境诉讼、听证会等每年举办的次数较少，较多环境受害者的诉讼得不到立案，导致数据受主观影响较大，可靠性较差。因此，参考张江雪(2015)，黄清煌和高明(2016)，王淑英、李博博和张水娟(2018)，以取对数后的企业所在省市环境信访总数作为测量依据。

3. 调节变量

关于如何识别融资约束的强弱，学术界尚未得到一种具有普遍性和广泛适用性的衡量指标，目前有三种主流的测度方法。第一，以模型中的系数来反映融资约束。Fazzari 等(1988)经过研究率先认为可以采用投资—现金流敏感系数测度融资约束。该方法基于金融投资视角，引入托宾 Q 模型解释金融因素对企业投资决策的影响，在一定程度上具有价值；但根据以往的经验数据可知，融资约束程度的降低并不一定导致投资对现金流的敏感性减弱(Kaplan 和 Zingales，1997)，还存在其他因素的作用，且现金流部分包含投资机构信息，导致该策略的合理性饱受诟病。为弥补 Fazzari 提出的模型缺陷，Almeida 等(2004)从另一视角研究得出了现金—现金流敏感系数模型。这种测度方法的出发点是融资约束紧的企业被迫具有更强的风险防范意识，往往倾向于保留更多现金，以此来侧面反映融资约束情况。但是企业持有较多现金，并非完全是为了应对风险这一目的，也和企业自身特征相关。因此，以该系数测度融资约束存在一定的偏误。第二，利用公司单变量特征衡量融资约束，如企业规模、年龄、负债水平、股权集中度、股息发放率、债券评级、商业票据等级、国家股比重、是否归属集团、是否为国有控股等

(Gilchrist 等,1995)。这种方法虽然部分体现企业融资约束强弱,但由于单个指标信息含量过于片面化,存在严重的局限性。第三,构建多变量指标来测量企业融资约束的大小。Kaplan 和 Zingales(1997)利用综合财务状况构建 KZ 指数,Cleary(1999)所计算出的 ZFC 指数采用的是多元判别分析法,Whited 和 Wu(2006)通过使用欧拉投资等一系列公式计算得到 WW 指数。该类指标囊括企业多方面的特征,较客观,然而也存在很多不足,最关键的是该类指标包含具有内生性特征的融资变量,如现金流、杠杆等。为解决内生性这一问题,Hadlock 和 Pierce(2010)在 KZ 指数的基础上,通过企业规模(*SIZE*)和企业年龄(*AGE*)两个相对稳定且不与融资约束相互决定的变量构建了 SA 指数,公式为:

$$SAindex=-0.737\times SIZE+0.043\times SIZE^{2}-0.04\times AGE \quad (6-13)$$

其中,*SIZE* 为取对数后的公司总资产,计算公式为 *SIZE* = LN(总资产/1 000 000),*AGE* 为公司年龄。由此计算出的 SA 指数均小于 0,且它的绝对值越大,说明企业所面临的融资约束程度越大(鞠晓生等,2013)。

对比以上各类测度融资约束方法的优缺点,之所以选用 SA 指数来反映融资约束的强弱,主要是考虑了以下几点:一是 SA 指数计算公式中只包含企业规模与年龄两个变量,避免了内生性问题;二是 SA 指数计算简单;三是 SA 指数与其他主流指数得到的等级划分相同,结果稳健。SA 指数由于上述优点同样得到我国众多学者的认可,如吴娜(2013),鞠晓生等(2013),吴秋生和黄贤环(2017),王义中和宋敏(2014)。在后文进一步的分析中,研究因不同性质和属性的企业而导致调节作用的差异性时,将 SA 指数依照标准分为高融资约束组(SA=1)和低融资约束组(SA=0),同时,使用 WW 指数替代进行后续的稳健性测试。

4. 控制变量

借鉴唐国平等(2013)、Chaton 和 Guillerminet(2013)的研究成果,主要从公司特征、财务指标及公司治理方面挑选所需要的控制变量,并将其纳入模型,用以控制其对企业环保支出的影响。

财务杠杆(*LEV*):使用资产负债率指标来衡量一个公司的偿债能力。一般来说，企业的资产负债率越高，财务风险越大，企业的偿还债务能力相应越弱，企业也就会相应适当减少在环保方面的支出。

企业规模（*SIZE*）：使用取对数后的总资产数来表示。通常认为，大型企业拥有更多的资金和实力，有条件和意愿在环保支出上进行大量投入，展现对社会负责的企业形象。但是，也有学者研究表明，规模越大的企业，其可选的投资项目越多，出于盈利目的企业会倾向于那些获利能力较大的项目，再加上大型企业因缓解当地就业、促进经济发展，往往受到当地政府的庇护，反而会不遵守环境准则，缩减回报期较长的环保支出。

企业业绩（*ROE*）：使用净资产收益率来表示。通常来说，盈利能力越大的企业，公司内部管理水平越强，越注重获取长期收益。因此，在企业有余力的情况下往往会挑选优质的环保项目进行投资，增加环保支出，向外部投资者传达正面积极的信号；在企业的盈利水平不理想时，企业只能优先注重短期盈利，将获利作为当期主要目标，不太可能选择环保支出等项目。

大股东持股比例（*TOP*）：企业股权集中水平用第一大股东的持股比例来表示。大股东通常会注重企业的长期发展而非短期利益，因此，他们更愿意推动环保支出项目的开展与进行，鼓励企业进行技术创新，从而获取长期收益，增加公司价值。

公司年龄（*AGE*）：采用观测年份减公司成立年份来表示。当公司处于初创期时，需要大量的资金运行项目，扩大企业规模，又因风险较大，外部投资者在投资时往往十分谨慎，导致企业融资较困难。为了获取更多的资源，企业往往通过获取政府与社会的信任，增加环保支出，从而减轻企业融资困境。对于已经步入成熟期或衰退期的企业，因成立时间较长、已经具有稳定的外部融资渠道，因而没有必要通过增加环保支出来获取资金，反而减少了环保支出（田双双，2016）。

现金资产比（*CASH*）：使用期末现金金额占总资产的比率来衡量。对于现金持有比率较高的企业，企业可能会加大环保支出规模，也可能由于企业故意留存的现金储备以应对融资困难而导致的风险，在这种目的下，企业即便持有较多的现金也不会投入环保支出(郑立根,2017)。

变量的具体定义,如表 64 所示。

表 64　　变量定义表

变量性质	变量名称	变量描述
被解释变量	企业环保支出(*EPI*)	环保支出总额与主营业务收入的比值
解释变量	命令控制型政策(ER_1)	建设项目“三同时”投资额与其工业增加值的比值
	市场激励型政策(ER_2)	地区排污费收入与工业增加值的比值
	公众参与型政策(ER_3)	各地区环境信访总数的自然对数
调节变量	融资约束(*FC*)	根据公式计算得出
	行业(*INDUSTRY*)	若公司属于重污染行业取“1”,否则取“0”
	产权性质(*STATE*)	若公司属于央企国资控股企业取“1”,否则取“0”
控制变量	财务杠杆(*LEV*)	负债合计与资产总计的比值
	企业规模(*SIZE*)	期末总资产的自然对数
	企业业绩(*ROE*)	净资产收益率
	大股东持股比例(*TOP*)	第一大股东持股比例
	公司年龄(*AGE*)	公司已上市的年份数(观测年份—公司注册年份)
	现金资产比(*CASH*)	企业现金年末余额占总资产的比值
	年份(*YEAR*)	虚拟变量,6 年共 5 个虚拟变量

6.3　数据处理及分析

6.3.1　描述性统计分析

统计结果如表 65 所示。站在整体总样本的角度,企业环保支出金额的平均值为 10.42,即每一万元的收入中只有 10.42 元的环保支出;中位数为 4.783,说明绝大多数样本公司的环保支出规模和平均值的水平还相差很多,这在一定程度上说明目前我国上市公司在企业的环保支出方面缺乏一定的重视;最小值为 0,最大值达到 413,标准差高于均值及中位数,这表明不同企业的环保支出具有一些突出的个体特征。

表 65　　企业环保支出规模的基本统计量

年份	观测数	平均值	中位数	标准差	最小值	最大值
2013	372	9.460	5.090	14.030	0.000	100.200
2014	378	10.230	4.945	15.640	0.000	139.700
2015	395	10.700	5.181	19.360	0.000	206.100
2016	402	9.615	4.983	17.660	0.000	168.000
2017	430	10.140	4.427	20.870	0.000	202.300
2018	469	12.040	4.622	29.890	0.000	413.000
合计	2 446	10.420	4.783	20.670	0.000	413.000

为了进一步分析我国上市公司环保支出行为可能存在的个体差异：按产权性质，把样本分成国有企业组和非国有企业组；按照行业属性，分成重污染以及非重污染两类企业。然后，探究不一样的产权性质、不一样的行业属性及不一样的融资约束水平下，企业的环保投资是否具有显著差异，检验结果见表 66。

表 66　　企业环保支出规模的分组描述性统计

变量	观测数	平均值	标准差	*T* 检验		*K-S* 检验		*M-W* 检验	
				F 值	显著性	*Z* 值	显著性	*Z* 值	显著性
State=1	1 330	8.720	15.418	36.345	0.000	2.063	0.000	−3.264	0.001
State=0	1 116	12.441	25.421						
Industry=1	1 425	12.838	24.748	57.396	0.000	4.597	0.000	−9.885	0.000
Industry=0	1021	7.040	12.237						
SA=1	1 223	9.280	18.585	9.623	0.002	2.103	0.000	−3.212	0.001
SA=0	1 223	11.555	22.518						

由表 66 可得，央企国资组的环保支出平均值明显低于非央企国资组；*T* 检验的 *F* 统计量观察值为 36.345，*P* 值为 0.000，低于显著性水平 0.05，因此认为两总体方差是非齐次性的，组间样本不是出自同一总体。*K-S*、*M-W* 检验的 *Z* 统计量

分别为 2.063 和－3.264，相伴概率均小于 0.05，可以看出这两组的环保投资也具有显著差异。至此得出，企业相对环保支出规模的大小会因企业产权性质的不同而有显著差异，且非国有企业与国有企业相比环保投资规模更大。

重污染行业的企业环保支出平均值显著高于非重污染行业企业；T 检验的 F 统计量观察值为 57.990，P 值为 0.000，低于 0.05，因此认为两总体方差具有显著差异，未通过方差齐次检验，即两组样本不是来自同一总体。K-S、M-W 检验的 Z 统计量分别为 4.597 和－9.885，P 值均低于 0.05，可以看出这两组的环保投资具有显著差异。由参数检验和非参数检验结果得出，企业相对环保支出规模的大小会因企业行业性质的不同而有显著差异，且重污染行业企业比非重污染行业企业的相对环保投资规模更大。

融资约束水平低的企业环保支出平均值明显大于融资约束高的企业；T 检验的 F 统计量观察值为 9.623，P 值为 0.002，低于 0.05，因此认为两总体方差具有明显差异，未通过方差齐次检验，即两组样本不是来自同一总体。K-S、M-W 检验的 Z 统计量分别为 2.103 和－3.212，P 值均低于 0.05，可以看出这两组的环保支出存在明显不同。由该检验结果可以认为，企业选择环境项目的积极性会受到融资约束的不同而具有显著差异，且融资约束水平低的企业比融资约束水平高的企业相对环保投资规模更大。

变量的描述性结果，如表 67 所示。

表 67　　变量的描述性统计结果

变量	观测数	平均值	中位数	标准差	最小值	最大值
EPI	2 446	10.420	4.783	20.670	0.000	413.000
ER_1	2 446	115.900	84.340	148.800	6.907	3744.000
ER_2	2 446	8.464	6.886	5.756	0.924	29.560
ER_3	2 446	9.747	10.210	1.885	4.804	12.450
$INDUSTRY$	2 446	0.583	1.000	0.493	0.000	1.000
$STATE$	2 446	0.544	1.000	0.498	0.000	1.000

续表

变量	观测数	平均值	中位数	标准差	最小值	最大值
LEV	2 446	0.465	0.463	0.223	0.015	3.262
SIZE	2 446	22.330	22.220	1.266	19.120	27.470
ROE	2 437	0.018	0.051	0.675	−20.740	6.595
TOP	2 446	0.365	0.355	0.149	0.000	0.900
AGE	2 446	16.740	17.000	5.011	3.000	35.000
CASH	2 446	0.125	0.093	0.105	−0.009	0.765
FC	2 446	3.759	3.762	0.227	2.531	4.557

对于自变量来说，命令控制型和市场激励型规制政策的平均值均大于中位数，这说明我国的很多省（直辖市）的环境规制强度要远远低于整体的平均水平，可能的原因是大多数省（直辖市）的环境规制较为宽松；三种环境规制政策工具的标准差较大，表现出地区差异。对于调节变量，融资约束的均值为 3.759，中位数为 3.762，最小值为 2.531，最大值为 4.557，数值差异的背后显示了我国大部分企业面临融资困境的现状，并且融资的难易程度相差巨大。对于控制变量而言，资产负债率（*LEV*）均值为 46.5%，最小值为 1.5%，最大值高达 326.2%，说明了不同公司的负债程度不一，财务杠杆存在严重差异，侧面反映不同公司在资本市场上的融资能力不尽相同。公司规模（*SIZE*）的平均值为 22.330，标准差为 1.266，说明样本公司的整体规模不存在很大的差异性。净资产收益率（*ROE*）的平均值为 0.018，最大值为 6.595，最小值为−20.740，这体现了不同公司之间的盈利能力具有很大的差异。股权集中度（*TOP*）的均值为 36.5%，最大值是 90%，这说明企业的股权都比较集中。企业年龄（*AGE*）的均值和中位数相差不大。现金资产比（*CASH*）的中位数明显小于均值，这说明我国企业持有现金的意愿并不强烈，大多数企业更愿意将其转化为投资获取收益。

6.3.2 变量相关性检验

表 68 展现了各变量间的相关性统计结果。

表 68　　变量的相关性检验

变量	*EPI*	ER_1	ER_2	ER_3	*INDUSTRY*	*STATE*	*LEV*	*SIZE*	*ROE*	*TOP*	*AGE*	*CASH*
EPI	1											
ER_1	0.067***	1										
ER_2	0.044**	0.421***	1									
ER_3	0.079***	−0.144***	−0.300***	1								
INDUSTRY	0.154***	0.007	0.143***	−0.105***	1							
STATE	−0.094***	0.203***	0.263***	−0.248***	−0.041**	1						
LEV	−0.092***	0.103***	0.136***	−0.160***	0.061***	0.344***	1					
SIZE	−0.129***	0.248***	0.159***	−0.105***	0.154***	0.348***	0.461***	1				
ROE	0.043**	0.037*	−0.033 0	0.087***	0.0140	−0.123***	−0.282***	0.026	1			
TOP	−0.005 00	0.159***	0.126***	−0.090***	0.038*	0.175***	0.127***	0.256***	0.043**	1		
AGE	−0.061***	−0.111***	−0.056***	0.029 0	−0.093***	0.200***	0.161***	0.091***	−0.036*	−0.126***	1	
CASH	0.0300	0.057***	−0.037*	0.061***	−0.195***	−0.074***	−0.357***	−0.198***	0.176***	0.045**	−0.075***	1

注：***为 $p<0.01$，**为 $p<0.05$，*为 $p<0.1$。

表 69　　　　变量方差膨胀因子(*VIF*)检验

变量	ER_1	ER_2	ER_3	*LEV*	*SIZE*	*STATE*	*CASH*	*TOP*	*AGE*	*INDUSTRY*	*ROE*
VIF	1.25	1.39	1.17	1.55	1.47	1.36	1.2	1.13	1.11	1.11	1.03

企业环保支出与命令控制型、市场激励型及公众参与型规制政策都是正相关的关系，基本符合上述理论分析。此外，行业属性（*INDUSTRY*）系数为正，这说明重污染类企业会更加注重环保支出；产权性质（*STATE*）系数为负，这说明非国有企业的环保支出反而更大，具体关系还需进一步实证研究。从表 70 中可以看到，每一个变量的 *VIF* 值都远远小于 2，这显示了变量间并没有多重共线性的现象；与此同时，每个模型的 *D-W* 数值也显示了没有序列自相关现象。

6.4　模型运行结果分析

6.4.1　模型检验

为了给样本数据选择合适的模型，按照上述分析对各个模型依次进行如下检验：首先进行 Hausman 检验，Hausman 检验的原假设对应了随机效应，备择假设对应了固定效应，结果显示拒绝原假设；接着对模型形式进行检验，检验结果显示模型中的截距项应该变，因此变截距固定效应模型更合适。检验结果展现在下述回归结果中。

6.4.2　实证分析

首先，研究总体环境规制政策对企业环保支出的作用效果；接着，为进一步分析不同政策工具的传导路径，分别研究命令控制型、市场激励型和公众参与型规制政策对企业环保支出的作用差异。政府环境规制对环保支出的实证分析结果，见表 70。

表 70　　环境规制对企业环保支出影响的回归结果

变量	命令控制型政策		市场激励型政策		公众参与型政策	
	模型(6—1)	模型(6—2)	模型(6—3)	模型(6—4)	模型(6—5)	模型(6—6)
Constant	78.034*** (3.75)	77.971*** (3.75)	83.109*** (4.31)	83.368*** (4.34)	77.048*** (3.73)	99.897*** (4.08)
ER_{1-2}	0.104*** (3.58)	0.105*** (2.89)	0.451*** (2.66)	0.401*** (2.62)	0.17 (0.52)	4.883* (1.69)
$ER_{1^2-3^2}$		−0.113*** (−16.99)		−0.202** (−2.37)		0.303 (0.70)
LEV	1.447 (0.53)	1.282 (0.47)	0.717 (0.28)	0.735 (0.29)	1.824 (0.67)	1.854 (0.68)
SIZE	−3.189*** (−3.36)	−3.177*** (−3.35)	−3.503*** (−3.70)	−3.502*** (−3.69)	−3.213*** (−3.36)	−3.296*** (−3.48)
ROE	0.085 (0.39)	0.076 (0.35)	0.106 (0.48)	0.102 (0.46)	0.083 (0.39)	0.071 (0.33)
TOP	−2.165 (−0.37)	−2.315 (−0.40)	−2.128 (−0.38)	−2.119 (−0.38)	−2.378 (−0.41)	−2.555 (−0.44)
AGE	0.102 (0.32)	0.089 (0.28)	0.136 (0.55)	0.132 (0.54)	0.09 (0.28)	0.011 (0.03)
CASH	16.746** (2.51)	17.12** (2.53)	19.781*** (2.62)	19.766*** (2.61)	19.497** (2.53)	19.374** (2.51)
YEAR	控制	控制	控制	控制	控制	控制
Adj_R^2	0.0909	0.0951	0.1019	0.1008	0.0629	0.0605
Hausman	21.71***	21.14***	23.06***	20.91***	19.14***	20.23***
模型选择	FE	FE	FE	FE	FE	FE
N	1 284	1 284	1 284	1 284	1 284	1 284

注：*** 为 $p<0.01$，** 为 $p<0.05$，* 为 $p<0.1$。

在表 70 中，由第一大列可知，命令控制型政策与环保支出的一次项呈正相关，且在 1%的水平下显著，二次项显示为负数，该结果表明命令控制型政策对环保支出有效，但也仅在一定条件下才成立，过度的政策要求反而会适得其反。由第二大列可知，市场激励型政策与企业环保支出的一次项呈正相关，且在1%的水平上显著，该结果显示，与第一种政策工具类似，市场激励型政策也会促进企业增加环保支出；二次项结果显示为负数且显著，表明环境规制在达到一定强度后，反而抑制环保支出。这表明当政府对环境规制的要求仍在企业可接受范围内时，企业遵守环境要求的经济成本较低，无论企业出于何种动机都会设法满足政府对环境保护的期待和要求，此时环保支出与环境规制呈现正相关关系，这与波特假说效应相一致；然而一旦政府继续加大对于环境的管控力度，实施更严格的政策标准，超过企业承受范围的“临界值”时，企业所付出的成本远远高于所获得的收益，在以企业价值最大化为目标的驱动下，企业会放弃遵守相关政策，减少环保支出，这一行为体现了要素禀赋假说。由上述实证结果可以得到，在我国环境规制与环保支出之间存在着倒“U”型关系，验证了假设1。

出于经济发展的需要，我国政府对于当地企业的环境要求仍处于较低水平。由上述实证结果可以发现，命令控制型政策的一次项系数为0.104，市场激励型政策的一次项系数为0.451，且均在1%的水平下显著。可以看出，这两种政策工具对企业环保支出均具有明显的积极作用。同时，市场激励型政策的正向影响要优于命令控制型政策。主要原因是市场激励型政策工具对污染排放进行了定价，考虑了减排成本，发挥了市场信号的引导作用，刺激企业进行环保投入，影响更广泛，实施成本更低。而公众参与型政策的系数为0.17，与前两种政策工具相比并不显著，表明该类政策的实施效果较不理想，主要是由于传导机制受到公民意识、投诉渠道等很多不确定性因素左右。该结果与前文假设2的分析相一致。

从企业规模的系数来看，三种环境规制政策的回归系数均显著为负，这在一定程度上说明了企业特别是大型企业与当地政府之间存在着密切的联系。规模越大的企业往往是地方经济的支柱，与政府的关系更紧密，地方政府为了当地就业问题和经济的发展，迫于政绩考核的压力，往往会对该类企业在环境责任的监管和处罚上相对较轻，因此，该类企业的环保支出较低。从现金资产比的系数来看，现金资产比的回归系数显著为正，体现了我国现金水平越高的企业，为了获取由环保支出可能导致的长期效益，更愿意将资金投入经济回报见效慢的环保支出中去，增加公司价值。

6.4.3 融资约束的调节作用

为了探究融资约束的调节作用，首先检验融资约束对两者之间关系的调节效应，接着进行进一步分析，考察该调节效应是否会在国有企业和非国有企业、重污染企业和非重污染企业间存在异同。需要说明的是，根据上述研究，命令控制型政策工具和市场激励型政策工具对企业环保支出的促进效果较好，而公众参与型政策工具与企业环保支出的作用并不显著，因此，在研究融资约束对环境规制实施效果的调节作用时，仅研究命令控制型和市场激励型政策工具。需要说明的是，在做调节效应分析时，一般需对主要变量做中心化处理（Aiken 和 West，1991），因此表 71 所示的 ER_{1-2} 及交乘项是经中心化处理后的值。

表 71　　融资约束调节效应的回归结果

变量	命令控制型政策		市场激励型政策	
	模型(6—7)	模型(6—8)	模型(6—9)	模型(6—10)
Constant	89.590*** (4.46)	89.256*** (4.45)	163.913*** (3.71)	171.513*** (3.78)
ER_{1-2}	0.105* (1.85)	0.119* (1.84)	0.451 (1.44)	0.486* (1.81)
FC	−9.462 (−1.20)	−9.654 (−1.22)	−26.617** (−2.39)	−28.555** (−2.53)
$ER_{1-2}\times FC$		−0.107** (−2.54)		−0.550* (−1.86)
LEV	0.407 (0.11)	0.386 (0.10)	2.604 (0.96)	2.767 (1.00)
SIZE	−3.792*** (−4.38)	−3.782*** (−4.37)	−3.468*** (−3.66)	−3.577*** (−3.71)

续表

变量	命令控制型政策		市场激励型政策	
	模型(6—7)	模型(6—8)	模型(6—9)	模型(6—10)
ROE	0.113 (0.55)	0.113 (0.55)	0.127 (0.62)	0.165 (0.80)
TOP	−7.567 (−1.44)	−7.538 (−1.44)	−1.700 (−0.31)	−2.075 (−0.37)
AGE	0.417 (1.31)	0.423 (1.32)	1.210*** (2.64)	1.325*** (2.88)
CASH	13.167*** (2.69)	13.165*** (2.69)	19.195** (2.52)	19.136** (2.52)
Adj_R^2	0.0803	0.0821	0.0995	0.0962
Hausman	25.40***	25.42***	26.01***	26.52***
模型选择	FE	FE	FE	FE
N	1 284	1 284	1 284	1 284

注：*** 为 $p<0.01$，** 为 $p<0.05$，* $p<0.1$。

结合表 70 和表 71 可知，模型(6—1)和模型(6—3)结果显示，命令控制型及市场激励型两种政策工具都和企业的环保支出正相关，从结果中可以了解到，市场激励型最后所得到的结果更好。融资约束水平与环保支出呈负相关关系，即随着企业受到外界融资压力的增大，会降低企业的环保支出，这与前文理论分析部分相一致。企业面临较高的融资约束时，不具备充足的资源投入，具有较高机会成本、投资周期长、投资回报少的环保支出，因此，企业就会放弃遵循环境政策，减少或不进行环保投入。根据模型(6—8)和模型(6—10)，加入了环境规制和融资约束的交乘项后，命令控制型和市场激励型政策工具与企业环保支出仍然保持正相关性，环境规制和融资约束的交乘项系数为负，两者符号的异同显示了融资约束削弱命令控制型政策工具对环保支出的正向影响，同时也削弱市场激励型政策工具对环保支出的正向影响，起到了负向调节作用。因此，基本上验证假说 3 成立。

根据前文分析可以得出，不同产权性质、不同行业属性的上市公司，在金融市场中融得资金的成本与难易程度是不同的。为此,下面进一步检验融资约束对环境规制与企业环保支出关系的调节效应是否会在国有企业和非国有企业、重污染企业和非重污染企业间存在差异。表72为不同产权性质下融资约束调节效应的实证结果。

表72　不同产权性质下融资约束调节效应的实证结果

变量	命令控制型政策				市场激励型政策			
	$SA=1$		$SA=0$		$SA=1$		$SA=0$	
	国有	非国有	国有	非国有	国有	非国有	国有	非国有
Constant	101.321***	47.421	60.684***	104.609**	72.618**	107.735**	58.888***	128.346***
	(4.46)	(0.87)	(2.64)	(2.55)	(2.53)	(2.10)	(2.88)	(2.76)
ER_{1-2}	0.105	0.103**	0.002	−0.002	0.253**	0.243***	−0.045	−1.014
	(0.52)	(2.11)	(0.68)	(−0.12)	(2.12)	(2.86)	(−0.35)	(−1.05)
LEV	2.968	−14.709**	−1.829	3.681	4.377	−12.511**	0.43	0.666
	(0.77)	(−2.18)	(−0.41)	(0.7)	(1.24)	(−2.25)	(0.06)	(0.09)
SIZE	−4.226***	−1.543	−2.052*	−3.506*	−3.569**	−5.073*	−1.892**	−4.115**
	(−3.43)	(−0.51)	(−1.95)	(−1.79)	(−2.40)	(−1.96)	(−2.21)	(−2.01)
ROE	−0.004	0.27	−0.084	−4.7	0.291	0.715***	−0.597	−9.961
	(−0.02)	(0.87)	(−0.99)	(−0.74)	(1.21)	(3.02)	(−1.56)	(−1.34)
TOP	−0.461	8.002	−6.388	−21.85	−3.45	11.512	−14.706	−26.88*
	(−0.05)	(0.89)	(−1.19)	(−1.46)	(−0.29)	(1.22)	(−1.64)	(−1.79)
AGE	0.069	−0.003	−0.107	−0.892	0.622	0.675	−0.046	−1.19
	(0.17)	(−0.00)	(−0.55)	(−0.79)	(1.51)	(1.02)	(−0.14)	(−1.22)
CASH	11.195**	2.855	−8.588	25.581***	11.536**	5.646	0.867	44.36***
	(2.19)	(0.28)	(−1.03)	(2.67)	(2.08)	(0.53)	(0.09)	(2.66)
Adj_R^2	0.0737	0.0802	0.0529	0.0736	0.076	0.0769	0.0719	0.0864
N	632	351	365	434	513	266	220	285

注:*** 为 $p<0.01$,** 为 $p<0.05$,* $p<0.1$。

从整体国有企业和非国有企业的对比来看,在 $SA=1$ 即融资约束水平较高的情况下,命令控制型政策工具对非国有企业环保支出的系数显著为正,而无论约束水平的高低,国有企业的回归系数均不显著。市场激励型政策工具对国有企业与非国有企业环保支出的系数均为正，且非国有企业的系数与之相比更显著。综合来看，与国有企业相比，非国有企业对环境规制实施效果更敏感。即在政府颁布相关环境规制法规后，非国有企业会积极响应政府号召，加大环保支出。一方面，受外界融资限制较小的企业，从外界获取资金相对方便，对于这类企业，更愿意通过外部融资，然后将资金投入环保项目，一来满足政府的合法性要求，拉近与政府间的距离，增加与政府的合作机会；二来也向外界传递出积极的企业信号，获取外部更多的融资支持。另一方面，当非国有企业凭借自身在市场上难以融得资金时，企业往往会选择另一种方式，即首先获取政府的信任，为融资行为提供便利。该类企业会格外关注政府大力推行的环保项目，认真履行社会责任，并且积极向政府争取资源；接着，将其履行环保责任的情况定期披露在企业公告中，以便外界投资者及时了解企业的经营现状。该行为不仅消除了外界投资者对企业的投资疑虑，同时站在投资者角度，也想获取企业的长期投资收益，因此，企业会得到越来越多的投资者关注，融资困境逐渐得到缓解。该实证结果与假设 4 相一致。

表 73 为不同行业属性下融资约束调节效应的实证结果。

表 73　　不同行业属性下融资约束调节效应的实证结果

变量	命令控制型政策				市场激励型政策			
	SA=1		*SA*=0		*SA*=1		*SA*=0	
	重污染	非重污染	重污染	非重污染	重污染	非重污染	重污染	非重污染
Constant	63.918*	68.986***	117.653**	42.695***	42.695***	74.503***	187.239*	51.274***
	(1.88)	(3.08)	(2.20)	(3.84)	(3.84)	(2.83)	(1.82)	(3.52)
ER_{1-2}	0.007	−0.007	0.106*	0.002	0.102**	−0.114	0.03**	0.273
	(0.8)	(−0.70)	(1.81)	(0.29)	(2.29)	(−0.85)	(2.11)	(0.99)
LEV	2.821	−0.466	2.852	−6.346	−6.346	−2.871	10.079	−3.914
	(0.69)	(−0.11)	(0.45)	(−1.08)	(−1.08)	(−0.62)	(0.91)	(−0.50)
SIZE	−2.87*	−2.817***	−4.842**	−1.094	−1.094	−2.592**	−7.432*	−1.558**
	(−1.70)	(−2.66)	(−1.98)	(−1.65)	(−1.65)	(−2.08)	(−1.76)	(−2.00)

续表

变量	命令控制型政策				市场激励型政策			
	SA=1		SA=0		SA=1		SA=0	
	重污染	非重污染	重污染	非重污染	重污染	非重污染	重污染	非重污染
ROE	4.588 (0.9)	1.07 (0.25)	−4.495 (−0.86)	−4.886 (−0.46)	−4.886 (−0.46)	−0.173 (−1.02)	−0.54 (−0.03)	−5.985 (−1.17)
TOP	−0.604 (−0.07)	−1.645 (−0.20)	−6.447 (−0.41)	−8.534 (−1.32)	−8.534 (−1.32)	0.837 (0.1)	−26.824 (−1.16)	−14.119** (−2.59)
AGE	0.353 (1.19)	0.037 (0.11)	0.167 (0.48)	−0.583 (−1.19)	−0.583 (−1.19)	−0.433 (−1.05)	−0.198 (−0.26)	−0.875 (−1.14)
CASH	9.1 (1.63)	5.359 (1.12)	21.864** (2.08)	11.974 (1.39)	11.974 (1.39)	13.625* (1.86)	26.362** (2.03)	47.504* (1.78)
Adj_R^2	0.060 1	0.066 2	0.077 1	0.071	0.071	0.061 6	0.049 9	0.075 7
N	449	330	349	156	156	330	349	156

注：*** 为 $p<0.01$，** 为 $p<0.05$，* 为 $p<0.1$。

从重污染组和非重污染组对比来看，除高融资约束水平下，命令控制型政策对重污染企业环保支出的回归系数不显著外，其余模型中环境规制对重污染类企业的结果均显著为正，与此同时，非重污染类企业均没有表现出显著性。该结果表明，与非重污染企业相比，重污染企业对于政府环境规制实施效果更敏感。一方面，重污染企业由于其经营特点，本就会对环境造成更多的伤害，因此也成为政府和社会重点监督的对象，企业出于自身经营成本的考虑会格外关注政府对于环境的要求，随着环境规制的不断严格，环保支出必然会呈上升趋势。因此，对于低融资约束水平的企业来说，命令控制型和市场激励型政策均会对企业的投资决策产生影响。另一方面，大型重污染企业的投资项目如节能技术改造往往需要大量的资金支持，通常需要借助外部市场进行融资，但根据我国相关部门的政策规定，环保是否达标已经直接影响到企业是否具有在市场上进行融资的资格。在该背景下，即便对于高融资约束的重污染企业来说，也不得不加大环保支出，以达到融资门槛，获取政府和社会的支持。上述实证结果与假设 5 相一致。

6.4.4　稳健性检验

为了验证结论的可靠性，参考石璋铭(2015)，采用 WW 指数代替 SA 指数来衡量企业的融资约束水平。WW 指数计算如下：

$$WW_{i,t}=\gamma_1 TLTD_{i,t}+\gamma_2 DIVPOS_{i,t}+\gamma_3 \ln TA_{i,t}+\gamma_4 SG_{i,t}+\gamma_5 ISG_{i,t}+\gamma_6 CF_{i,t}$$

其中，$TLTD_{i,t}$ 为长期负债比率，$DIVPOS_{i,t}$ 为股利支付的虚拟变量，$\ln TA_{i,t}$ 为取对数后的总资产，$SG_{i,t}$ 是企业的销售增长率，$ISG_{i,t}$ 为企业所处行业的平均销售增长率，$CF_{i,t}$ 为现金占总资产比率。系数向量 γ 由 White 和 Wu(2006)给出，γ 值越大，表明企业受到的融资约束越强。稳健性检验结果如表 74、表 75、表 76 所示。

表 74　　稳健性检验一

变　量	命令控制型政策			市场激励型政策		
Constant	98.963*** (5.57)	98.898*** (5.53)	98.817*** (5.53)	78.975*** (3.75)	76.698*** (3.56)	68.836*** (3.11)
ER_{1-2}	0.105* (1.80)	0.105* (1.92)	0.107* (1.92)	0.276* (1.81)	0.246 (1.52)	0.315*** (2.63)
WW		−0.103*** (−6.73)	0.254 (0.82)		−0.153 (−0.24)	−2.641** (−2.23)
$ER_{1-2}\times WW$			−0.002 (−0.83)			−0.379*** (−2.70)
LEV	0.202 (0.05)	0.245 (0.06)	0.225 (0.06)	2.089 (0.75)	2.708 (0.92)	2.089 (0.72)
SIZE	−3.966*** (−4.69)	−3.922*** (−4.64)	−3.921*** (−4.64)	−3.28*** (−3.39)	−3.142*** (−3.17)	−2.885*** (−2.93)
ROE	0.114 (0.56)	0.138 (0.69)	0.138 (0.68)	0.126 (0.59)	0.122 (0.58)	0.104 (0.48)
TOP	−7.47 (−1.42)	−8.247 (−1.40)	−8.249 (−1.40)	−2.66 (−0.46)	−2.287 (−0.37)	−2.903 (−0.48)

续表

变　量	命令控制型政策			市场激励型政策		
AGE	0.057 (0.25)	0.000 (0.00)	0.000 (0.00)	0.157 (0.50)	0.056 (0.17)	0.251 (0.66)
CASH	13.502*** (2.78)	13.853** (2.51)	13.842** (2.58)	19.572** (2.55)	21.098** (2.50)	20.329** (2.40)
Adj_R^2	0.050 6	0.051 5	0.050 4	0.076 9	0.069 6	0.063 3
N	2 437	2 249	2 249	1 284	1 217	1 217

注：*** 为 $p<0.01$，** 为 $p<0.05$，* 为 $p<0.1$。

表 75　　稳健性检验二

变量	命令控制型政策				市场激励型政策			
	WW=1		*WW*=0		*WW*=1		*WW*=0	
	国有	非国有	国有	非国有	国有	非国有	国有	非国有
Constant	136.825*** (3.89)	270.46** (2.41)	22.636 (0.86)	−1.256 (−0.02)	135.452*** (4.03)	121.928** (2.03)	24.016 (0.94)	−3.116 (−0.04)
ER_{1-2}	0.012 (1.43)	0.018* (1.9)	−0.005 (−0.55)	−0.011 (−0.54)	0.354** (2.09)	0.877*** (2.94)	−0.024 (−0.20)	−0.046 (−0.24)
LEV	0.92 (0.23)	9.345 (0.93)	1.57 (0.28)	−0.663 (−0.09)	2.745 (0.72)	0.22 (0.04)	1.489 (0.27)	−0.459 (−0.06)
SIZE	−6.895*** (−3.39)	−11.597** (−2.37)	−0.475 (−0.44)	−0.568 (−0.19)	−7.191*** (−3.58)	−4.425 (−1.46)	−0.52 (−0.49)	−0.491 (−0.17)
ROE	0.047 (0.21)	0.828 (1.62)	−0.24 (−1.34)	2.315 (0.22)	0.231 (0.94)	0.394 (1.02)	−0.236 (−1.30)	1.763 (0.17)
TOP	32.589** (2.24)	−21.82 (−1.27)	−8.788 (−1.39)	23.864 (1.47)	30.586** (2.20)	−26.322* (−1.95)	−9.452 (−1.56)	23.541 (1.47)
AGE	0.574 (0.92)	−0.749 (−0.68)	−0.086 (−0.29)	1.291 (1.54)	0.868 (1.3)	−0.906 (−1.13)	−0.105 (−0.38)	1.257 (−1.46)
CASH	13.093* (1.89)	48.73*** (2.95)	7.052 (1.09)	−16.601 (−1.49)	14.567** (2.08)	22.532** (2.17)	7.024 (1.08)	−16.666 (−1.49)
Adj_R^2	0.041 3	0.044 9	0.047 7	0.068 9	0.062 5	0.058 3	0.040 3	0.047 2
N	321	298	412	253	321	453	412	253

注：*** 为 $p<0.01$，** 为 $p<0.05$，* 为 $p<0.1$。

表 76　　　　稳健性检验三

变量	命令控制型政策				市场激励型政策			
	WW=1		WW=0		WW=1		WW=0	
	重污染	非重污染	重污染	非重污染	重污染	非重污染	重污染	非重污染
Constant	151.888***	180.94***	−17.58	22.861	159.309***	200.094***	−20.141	27.08
	(3.08)	(3.17)	(−0.27)	(0.76)	(3.04)	(3.49)	(−0.31)	(0.85)
ER_{1-2}	0.019	0.011	−0.003	−0.013	0.825**	−0.252	−0.121	0.126
	(1.35)	(1.12)	(−0.41)	(−0.67)	(2.52)	(−1.32)	(−0.94)	(0.95)
LEV	4.503	−1.483	2.414	3.18	6.346	3.485	2.128	4.979
	(0.95)	(−0.26)	(0.34)	(0.45)	(1.57)	(0.64)	(0.29)	(0.66)
SIZE	−6.826***	−8.689***	0.72	−0.436	−7.535***	−9.187***	0.847	−0.585
	(−2.88)	(−3.11)	(0.28)	(−0.32)	(−2.92)	(−3.48)	(0.33)	(−0.39)
ROE	6.143	−13.32	−0.326	8.897	0.623	−0.103	−0.33	4.129
	(0.63)	(−1.04)	(−0.07)	(0.84)	(0.92)	(−0.70)	(−1.34)	(1.00)
TOP	16.111	23.461	1.384	1.446	12.51	13.405	1.755	0.195
	(1.12)	(1.48)	(0.15)	(0.21)	(0.88)	(1.06)	(0.19)	(0.03)
AGE	0.01	0.049	0.551	−0.433	0.61	−0.176	0.518	−0.513
	(0.01)	(0.11)	(1.27)	(−0.69)	(0.63)	(−0.35)	(1.2)	(−0.87)
CASH	22.332**	46.026*	−6.885	9.493	25.373**	43.964**	−7.85	5.647
	(1.98)	(1.80)	(−0.89)	(1.33)	(2.60)	(2.11)	(−1.04)	(0.7)
Adj_R^2	0.041 3	0.040 3	0.039 8	0.030 4	0.073 7	0.061 2	0.036 2	0.045 7
N	347	272	451	214	347	272	451	214

注：*** 为 $p<0.01$，** 为 $p<0.05$，* 为 $p<0.1$。

通过稳健性检验结果可以发现，命令控制型和市场激励型政策在一定范围内对环保支出均起到了促进作用，融资约束与企业环保支出表现出负相关关系，这也就意味着融资约束对命令控制型和市场激励型政策与企业环保支出之间的关系呈负向调节作用，与前文得到的结论相一致。另外，从产权性质和行业属性的差异性来看，融资约束对于非国有企业环境规制和企业的环保支出这两者之间关系的影响更显著；融资约束对重污染企业环境规制和环保支出这两者之间关系的影响更显著。综上所述，通过改变调节变量的测量方法，主要研究结论也没有发生实质性改变,结果稳健可靠。

6.5 总结与建议

通过上文的统计分析可以看出,观测期内样本企业环保支出金额的均值大于中位数,因此多数企业环保支出规模仍处于较低的水平。我国上市公司的环保支出规模具有显著的产权性质差异和行业属性差异,其中,非国有企业的环保支出金额大于国有企业,重污染行业企业的环保支出金额大于非重污染行业企业。

我国环境规制与企业环保支出之间呈倒"U"型关系,即在适当的范围内,增强环境规制强度能促进企业加大环保支出。从命令控制型、市场激励型和公众参与型三类路径分别研究其对企业环保支出的影响。实证结果显示,命令控制型和市场激励型政策在推动企业加大环保支出、鼓励企业积极进行绿色技术创新方面发挥着积极作用,并且市场激励型政策的实施效果优于命令控制型,而公众参与型政策完全依赖于公民较高的环保意识,加上公众投诉、信访等渠道有限,在执行过程中容易流于形式,导致该类政策工具的实施效果最差。

融资约束在环境规制对企业环保支出的影响方面产生负向调节作用。实证研究发现,企业的融资约束与环保支出呈负向关系,且在环境规制与环保支出之间表现出调节作用,融资约束会负向调节命令控制型和市场激励型规制政策与企业环保支出之间的关系。

融资约束具有调节效应,并且对非国有企业的调节效应更强烈。融资约束对环境规制与非国有企业环保支出关系的影响要大于国有企业。与国有企业相比,高融资约束的非国有企业会更加积极进行环保投资活动。同时,按照行业属性,与非重污染企业相比,高融资约束的重污染企业进行环保投资的积极性更高。

因此建议:建立规范的环境信息披露机制,不断完善信息披露标准。根据研究结论,我国披露环保支出信息的企业数量较少,远低于其他国家水平。而由于环保投资作为企业的重要投资项目之一,能给企业带来长期的经济利益,获取创新补偿效应。但是，披露机制的不完善导致企业和外部投资者纷纷陷入两难境地。外部金融机构由于没有官方渠道及时得知企业的环境责任履行情况，为了避免风险往往会选择不进行或缩减对企业的投资。而企业在外部市场上难以融得资金，反过来又会缩减经济见效慢的环保支出项目，从而导致恶性循环。因此，政府有必要建立起规范的环境信息披露制度，统一环境信息披露口径。敦促上市企业按照可操作性的实施标准严格披露公司各项环保支出项目，确保环境信息披露质量。同时，鼓励外部金融机构在发放贷款或对企业进行投资时将企业的环境责任履行情况纳入评估范围，以此来督促企业加大环保支出。

建议综合使用多种环境规制的政策工具，达到最好的规制结果。研究发现市场激励型政策对环保支出的促进作用要比命令控制型好很多，因为命令控制型规制工具存在实施成本太高、激励效应较差的缺点，所以，在经济发展过程中，肯定会一步步落后于市场激励型规制工具。但在我国，命令控制型政策工具相对来说比较成熟，而市场激励型政策工具目前还仅仅处在探索阶段。一方面，政府应综合利用多种政策工具，不断完善相关的规章制度，从法律角度要求企业履行环保义务，提高环保支出，从根本上强化环境监督管理；另一方面，政府应加大市场激励型规制工具的推广力度，如开展环境财政、排污交易、环境税收、绿色资本市场和生态补偿等政策的试点工作，完善环境经济市场机制和法律保障，实现两者工具相互补充。同时，政府需要建立及增加环境信息的公开制度和渠道，拓宽公众参与型规制工具的使用范围，如自愿协议、绿色标签等，不断提高环境信息公开的广度和深度，充分发挥政府、市场与公众三方的协同作用，合理的使用不一样的规制工具，让环境规制的效应得到最大的发挥。

建议逐步建立环境保护融资机制，加大重点企业扶持力度。企业进行环保投资活动的资金基础仅仅通过依靠政府的环境规制政策的方法，让企业能够采取积极的态度进行环境行为是远远不够的，还应该在融资机制方面得到支持。研究发现，非国有企业和重污染行业企业对于政府环境规制的实施效果更敏感，但由于信息不对称，这两类企业的外部融资往往受到更大的约束。对于政府来说，急需建立完善的环境项目融资机制。大力扶持非国有企业和重污染企业，为这两类企业的发展提供实际的金融保障。加大非国有企业的政策优惠力度，引导重污染类企业积极进行环境保护行为。同时，对积极履行环保责任的企业，一方面，政府要完善金融市场建设，鼓励银行等外部金融机构与企业达成长期合作关系；另一方面，政府要为企业拓宽现有的融资渠道，大力建设绿色技术金融体系，通过绿色信贷、绿色债券和碳金融等新型融资工具为企业提供发展所需资金。

7 绿色金融政策影响企业绿色并购投资的情况

改革开放四十年间，以火力发电、钢铁等为代表的重污染企业在中国经济发展中发挥了很大的作用，但是其粗放的发展方式积累了大量的环境污染问题。在此背景下，绿色金融法规、政策成为政府推动绿色发展的重要政策选择。作为政府意志的体现，宏观政策首先会对资源配置产生影响，在直接行政干预与间接政策引导下，政策扶持行业中的企业将会获得更多资源，政府对政策扶持企业的资源配置倾斜会进一步作用于投资决策与企业价值。产业政策的效果会受到企业动机与行为的影响，政策的实施需要处理好政府与市场的关系，否则企业的应对行为会削弱政策效果(靳庆鲁和宣扬，2019)。

绿色并购是将绿色理念引入公司并购决策以实现可持续发展为目的的并购。绿色并购和环保投资均属于企业的绿色投资行为，但与投资周期较长、不确定性较大的环保投资相比，绿色并购具有明显的速度优势，推动企业加快实现绿色转型和绿色发展。

7.1 理论分析与假说提出

7.1.1 绿色政策对绿色并购的影响

宏观政策对微观企业行为的影响，学术界的观点并不统一。正如饶品贵等(2016)所指出的，当前学术研究的一个重点与难点是从宏观政策出发落脚到微观企业行为，而将宏观经济政策内化到企业微观决策行为中进行研究更有价值。近年来，宏观经济政策与微观企业行为这一研究领域逐渐受到学术界的重视，不少文献基于微观数据检验了货币政策等宏观因素如何影响企业并购行为。上市公司的并购活动往往受到政府干预、制度环境等因素的影响，李彬和潘爱玲(2015)、徐雨婧和胡珺(2019)、Li Bin 等(2020)、蔡庆丰和田霖(2019)分别从税收政策、货币政策、国家产业政策角度研究政策与公司并购的关联性及其绩效反应；随着环境问题的日益严峻，Gomes(2018)、Arouri 等(2019)、Deng 等(2013)研究发现被收购企业的社会责任承担情况影响并购的完成度，而高企业社会责任收购者也会实现更高的并购公告回报，因此，绿色政策的支持会影响企业的绿色并购决策。

绿色政策将政府宏观政策分为旨在控制企业节能减排的环境规制政策和旨在引导低碳企业发展的绿色产业政策(王爱国和刘洋)。其中，环境规制政策分为命令控制型环境规制和市场激励型环境规制，污染企业通常通过内部研发、外部购买以及并购重组的方式努力获取新技术，以满足严格的环境规制政策(Sohn 等)。如果存在环境规制，企业生产则趋向于生产规模适度、生产要素配置最优、社会福利水平最高等特征，即不断发展和完善的环境规制政策驱动企业的并购行为，同时增大企业对绿色产品和服务的需求，进而也可能影响低碳企业的绿色并购行为；而绿色产业政策是通过政府主观选择与支持特定行业的方式、实现引领产业转型升级的政策工具。绿色产业政策的实施可通过直接行政干预与间接政策引导两类途径引致低碳企业的绿色并购，客观上也对企业产生了转型压力和生存危机，进而影响企业实施绿色并购。

2012 年之前，我国绿色政策处于以命令控制型环境规制为主、市场激励型环境规制为辅的绿色政策萌芽阶段。对于促进节能环保与新能源发展的绿色产业政策工具，由于政策效应存在滞后性，对 2012 年之前绿色并购并未造成太大影响。2012 年之后，我国绿色政策步入环境规制政策与绿色产业政策相结合的政策组合阶段。政府在环境规制政策层面，一方面继续强化重典治污的命令控制型环境规制，另一方面强化市场化政策工具，如《环境保护税法》的出台与实施等，政策理念从“污染防治观”向“生态文明观”演变(张小筠和刘戒骄,2019)。与此同时,绿色产业政策从萌芽阶段步入初步发展阶段,政府推出一系列鼓励低碳产业的发展政策,如 2015 年《关于加快推进生态文明建设的意见》中提出大力扶持节能环保产业、新能源产业,《工业绿色发展规划(2016—2020 年)》提出集中力量支持传统产业改造等,2012 年出台《绿色信贷指引》等(李晓萍等,2019)。在环境规制政策与绿色产业政策的双重作用下,2012 年之后的绿色并购数量较 2012 年均大幅提升。

我国的绿色政策本质上属于选择性产业政策的范畴,绿色政策通过政府的“扶持认证”向市场传递信号,引导资源和要素流向政府指定的绿色低碳行业(企业)。随着绿色发展成为社会经济发展的关键理念之一,相关绿色政策的研究也丰富起来。Espa(2019)、Kemp 和 Never(2017)剖析了 21 世纪绿色产业政策的鲜明特征,特别强调发展中国家实施绿色产业政策的可能性并提供具体指导。王建新等(2021)、蔡海静等(2019)、苏冬蔚和连莉莉(2018)分别实证检验绿色信贷政策对重污染企业并购绩效、银行借款和企业投融资行为的影响;邱金龙等(2018)研究发现不同类型的环境规制对企业绿色并购战略的实施具有异质性影响;黄维娜和袁天荣(2021)以绿色并购前后企业绿色创新“质”与“量”的变化为切入点考察绿色产业政策对企业绿色并购的影响。基于此,推测环境规制政策与绿色产业政策双重作用下的选择性绿色政策对扶持企业与非扶持企业的差别化待遇可能是促使越来越多的企业实施绿色并购的重要原因之一。

目前,对企业并购的研究多聚焦于主并企业,将并购视为强势企业的扩张行为及强势企业对弱势企业的重组整合,认为主并企业在并购中扮演主导角色,它们所具备的某些优势能够通过并购创造协同效应。实际上,目标企业同样具有通过并购带来协同效应的某些优势(蔡庆丰和田霖,2019)。目标企业若受到绿色政策的扶持,其所享有的资源供给红利及利好信号将使其比不受政策扶持的企业更具优势和吸引力。

基于以上分析,提出第一个假设:

假设 1a:当目标企业所处的行业受到绿色政策影响时,主并企业更倾向于对目标企业实施绿色并购。

假设 1b:当主并企业受到绿色政策影响时,有更强烈的动机对受政策扶持的企业实施绿色并购。

7.1.2 不同污染程度的主并企业在绿色并购中的行为差异

传统行业业务日渐下滑,钢铁、机械等行业的大企业开始布局环保,寻求避风港。中国目前正处于由中等收入国家向高收入国家发展的时期,环境污染严重,环保产业成为国家重点发展对象。而传统行业的污染产业需要升级转型,其中一些“庞然大物”进军环保产业,由此将引发更多的并购。国家政策的支持给环保市场注入了大批资金与优惠,进一步促进环保产业发展,加快环保市场的整合速度。那么,不同行业的工业企业对绿色政策扶持下的目标企业进行绿色并购的倾向性是否不同?

王瑞玲和陈印军(2005)通过计算环境质量状况及其影响因子之间的灰色关联度,来定量剖析我国环境库兹涅茨曲线的成因,杨柳等(2020)结合灰色关联分析方法对舆情事件进行分级,构建了网络舆情预警自动识别模型。灰色关联分析方法可以将工业各行业对环境的影响进行关联分析比较,通过灰色关联分析确立的关联度大小进行污染程度分级,排除传统污染企业分级的主观性和随意性,若将污染行业划分为高度污染行业、中度污染行业和轻度污染行业,绿色政策影响下的高度污染行业企业是否更倾向于实施绿色并购?基于此,提出第二个假设:

假设 2:高度污染行业企业比中、轻度污染行业企业更容易发生对绿色政策扶持企业的绿色并购行为。

7.1.3 不同产权性质的主并企业在绿色并购中的行为差异

现有研究发现政府在实施产业政策、配置各类资源时会对国有企业有所偏向(靳庆鲁,2019;朱冰,2020)。在对行业内的大规模投资进行协调、鼓励企业进行研发创新时,政府与国有企业间的信息不对称较少,沟通成本更低。同时,潘爱玲等(2019)研究发现民营企业较容易通过降低会计信息质量来掩盖其掠夺、侵占中小股东利益的行为。曾庆生和陈信元(2006)指出国有企业肩负更多的政策性负担,作为政府意志执行者的国有企业会更积极地配合政府政策导向,逐利动机较弱,更能承受短期盈利下滑的成本。因此,政府通过国有企业实施产业政策的成本更低,在资源分配时更偏向国有企业可能是为了其正面外部性的活动进行补贴,保障国有企业的竞争力与政策的顺利实施。不同于国有企业,民营企业以利润最大化为经营目标,在逐利动机的驱使下,民营企业是否会将产业政策配置的资金转移到未受政策扶持但盈利性更高的投资项目?相较于非国有企业,国有企业的绿色并购决策可能与政府政策导向更为一致。

基于民营企业与国有企业经营目标与治理机制的差异,提出第三个假设:

假设 3a:国有企业更可能对受到国家绿色政策支持的企业发起绿色并购。

7.1.4 绿色政策影响下企业绿色并购的动机

根据声誉激励与信号传递理论,绿色并购是污染企业实现实质性转型、提高环境绩效的有效手段,也是形成绿色发展方式、推进区域生态环境改善的重要路径,良好的企业社会责任实践有助于提升企业声誉,并对公司的长期业绩和价值产生积极影响(沈洪涛等,2011)。如果主并企业着眼于绿色发展的长远战略,希望借助绿色并购实现企业长期利益最大化,其必然会积极进行绿色转型升级,在绿色并购后将获得的政府补贴等大量资源投入企业的管理整合。根据信号传递理论,当企业环境表现好时,为了避免公众或投资者的猜疑或不信任,也为了与以往的污染行为区别,企业不但不会降低会计信息质量,甚至存在强烈的动机增强企业的透明度,将外部无法获取的内部信号传递出去(沈洪涛和廖菁华,2014)。从我国近年来急剧增长的企业社会责任报告数量来看,管理者倾向于通过社会责任报告以改善与投资者的良好关系(即声誉资本),向利益相关者传递企业非完全自利的信号,形成良好的企业公民形象(宋献中等,2017)。声誉作为企业一项重要的无形资产，需要很长时间和高昂成本来建立却又极易破坏，因此积极开展绿色并购并自愿披露社会责任信息的企业会主动减少盈余操纵的机会主义行为以降低企业声誉资本损失（荀署和周泽将，2017）。因此，在此观点下，企业在对绿色政策影响下的目标企业进行绿色并购之后不会下调会计信息质量。

根据寻租观，企业为追求经济收益最大化，对绿色政策影响下的目标企业进行绿色并购可能是"蹭政策热点"、为获取政府补贴和税收优惠而采取的策略性"政策套利"行为。第一，为顺应大环境趋势而实施的绿色并购会对企业的其他投资产生挤出效应（He 等，2017），其机会成本的提高会影响潜在产出和利润损失，再加上企业绿色转型需承担巨额的沉没成本，使得绿色行为也许根本就无法弥补企业的"绿色转型成本"。第二，由于污染企业长久以来资源导向型发展模式积累了显著的规模效应，并形成了路径依赖和锁定效应（孙毅和景普秋，2012），即使当前污染成本有所增加，只要环境规制的成本低于其粗放发展的收益，遵循理性经济人假设的企业管理层仍然会延续以往污染的发展方式。第三，部分上市公司开展绿色并购的根本目的是借机拉抬股价以寻求在二级市场中套利，并未从企业长期战略规划的角度考虑，而是借概念炒作、哄抬股票价格以寻机套利。并购重组作为整合产业资源的重要手段，其本来目的是实现资源的有效整合，满足实体经济发展的需求。如果大量盲目跟风的绿色并购交易并非真正服务于实体经济，而是聚焦于二级市场套利，只会造成资本的空转和浪费，给绿色产业未来发展埋下隐患。

而绿色并购只是企业应对政策压力、获取政策福利的一时之选，在并购后不会有其他实质性的环保行为。因此，当各利益相关者期望需求产生冲突时，作为代理人的管理层可能会谋求自己的私利而牺牲所有者利益，偏向实施盈余管理行为，对财务呈报过程进行有目的的干预。当企业面临合法性危机或潜在问题时，会选择低调行事，通过改变会计行为或向下盈余管理等机会主义活动来降低企业的会计信息透明度，减轻公众关注，规避政治成本或合法性风险（Orsato R J，2006；叶青等，2012；刘运国和刘梦宁，2015）。

因此,面对目标企业受绿色政策影响的吸引力时,企业绿色并购行为究竟能否达到政府引导企业行为从而提升企业会计信息质量,主并企业对其进行绿色并购是否是套取政策优惠的策略性工具,绿色政策影响下企业绿色并购的动机不同,必然会呈现不同的结果,也在一定程度上决定了绿色政策是否具有可持续性。基于以上分析,以绿色并购前后企业会计信息质量的不同变化作为政策压力下企业绿色并购真实动机的辨别工具,提出第四个假设:

假设 4a:企业对绿色政策影响下的目标企业进行绿色并购之后,其会计信息质量不会显著下降。

假设 4b:与非绿色并购相比,企业对绿色政策影响下的目标企业进行绿色并购之后,其会计信息质量会显著下降。

7.2 研究设计

7.2.1 数据来源与样本选取

选择 2005—2020 年中国工业企业①的并购事件为研究对象,从 CSMAR 数据库中选取并购数据 5 869 笔,并对并购样本进行筛选:剔除相关数据有所缺失的债券;剔除主并企业为 ST、* ST 的样本及并购交易失败的样本;剔除收购对象为金融行业企业的样本及海外企业的样本;剔除重组类型为资产剥离、债务重组、资产置换、股份回购的并购样本;剔除股权收购比例小于 30%,且交易金额小于 100 万元的并购样本;将同一公司同一年度并购标的相同的样本进行合并,对同一企业在同一年份进行多次并购且并购标的不同的样本仅保留交易金额最大的、收购比例最高的样本。筛选后的数据类型为非平衡面板数据,共匹配 415 个并购样本。并购交易、财务指标和公司治理数据来自 CSMAR 数据库、Wind 数据库及公司并购公告,部分数据系手工整理。

① 根据国家统计局划分标准,将以下行业定义为工业企业:采矿业,制造业,电力、热力、燃气及水生产和供应业。

由于目前国内并无重污染企业划分的具体定量准则规定，而灰色关联分析方法可以将工业各行业对环境的影响进行关联分析比较，通过灰色关联分析确立的关联度大小进行污染程度分级，排除了传统污染企业分级的主观性和随意性。根据2005—2020年的《中国统计年鉴》中统计的工业内部各行业生产总值的数据和同时间段环境质量报告书中关于各行业的生产所排放的环境污染物的数据，运用灰色关联分析法对我国工业发展与环境影响之间做出相关研究，以此划分三类不同污染程度的工业企业。

7.2.2 变量选取与度量

1. 绿色并购(*GMA*)

目标公司在并购前三年是否获得绿色专利，若是则定义为绿色并购，取值为“1”，若否则取值为“0”。通过手工收集的重污染上市公司并购公告，采用内容分析法，对每次并购的背景和目的、主并企业和标的企业经营范围及该次并购对主并企业带来的影响进行综合分析，判断并购是否符合绿色并购的定义，符合则为绿色并购，取值为“1”；否则，取值为“0”。并购双方的主要经营业务是通过对比《绿色产业指导目录》和《战略性新兴产业重点产品和服务指导目录》中有关节能环保等绿色产业细分产品和服务进行筛选和确定。

2. 绿色政策(*GP*)

环境规制政策方面，2012年颁布的《环境影响评价法》将原先“先污染后治理”的模式转为“先评价后建设”，强调预防在先、治理在后，从源头上控制污染，标志着我国环境立法方向和环境规制方式的重大转变。通过阅读上市公司年报及相关公告，确定上市公司是否依据《环境影响评价法》及其他环境规制政策进行生产销售。绿色产业政策方面，通过阅读上市公司的并购公告，根据公告对目标企业主要经营业务的描述，对比《绿色产业指导目录》和《战略性新兴产业重点产品和服务指导目录》中有关节能环保等绿色产业的细分产品和服务，确定其是否符合绿色产业的范畴。

同时受制于国家颁布的环境规制政策及符合绿色产业政策范畴的主并企业，取 $AGP=1$；否则，$AGP=0$。若目标企业所处行业受绿色政策影响时，$TGP=1$；否则，$TGP=0$。

3. 会计信息质量(AIQ)

采用应计盈余管理程度代表企业会计信息质量，计算可操纵应计盈余管理程度的绝对值($absDA$)。该绝对值越小，则会计信息质量越高。以绿色并购后一年与并购前一年操纵性应计盈余管理绝对值的差值($\Delta absDA$)来衡量绿色并购前后会计信息质量的变化。使用修正琼斯模型及考虑当年业绩的非线性琼斯模型两种方法计算公司的盈余管理水平，以此作为会计信息质量的度量指标。

修正琼斯模型：

$$\frac{TA_{i,t}}{A_{i,t-1}}=\beta_0\frac{1}{A_{i,t-1}}+\beta_1\frac{\Delta REV_{i,t}-\Delta REC_{i,t}}{A_{i,t-1}}+\beta_2\frac{PPE_{i,t}}{A_{i,t-1}}+\varepsilon_{i,t} \tag{7—1}$$

非线性琼斯模型：

$$\frac{TA_{i,t}}{A_{i,t-1}}=\beta_0+\beta_1\frac{\Delta REV_{i,t}}{A_{i,t-1}}+\beta_2\frac{PPT_{i,t}}{A_{i,t-1}}+\beta_3\frac{DVAR_{i,t}}{A_{i,t-1}}+\beta_4\frac{CFO_{i,t}\times DVAR_{i,t}}{A_{i,t-1}}+\varepsilon_{i,t} \tag{7—2}$$

其中，$TA_{i,t}$ 为公司 i 第 t 年的总应计利润，$A_{i,t-1}$ 为公司 i 第 $t-1$ 年末资产总额，$\Delta REV_{i,t}$ 为公司 i 第 t 年的营业收入增加额，$\Delta REC_{i,t}$ 为公司 i 第 t 年的应收账款增加额，$PPE_{i,t}$ 为公司 i 在第 t 年的固定资产，$CFO_{i,t}$ 为公司 i 在 t 年经营净现金流量，$DVAR_{i,t}$ 为损失的哑变量，当 $CFO_{i,t}$ 小于零时，$DVAR_{i,t}=1$，反之为 0。使用分行业分年度回归，最后得到残差绝对值。$absDA=|\varepsilon_{i,t}|$ 为公司可操纵应计盈余管理程度的绝对值。

4. 控制变量

从企业特征、公司治理和并购交易特征三个方面选取控制变量，控制了净资产收益率(ROE)、资产负债率(DAR)、企业规模($SIZE$)、权益乘数(EM)、财务杠杆比率(DFL)等公司特征变量，是否两职合一(CEO)、董事会规模(DIR)等公司治理变量，以及交易对价($TRANS$)、收购比例(PER)等交易特征变量。此外，还控制了行业和年度效应。

表 77 为变量定义表。

表 77　　变量定义表

变量类型	变量名称	变量含义	表示
被解释变量	会计信息质量	可操纵应计盈余管理的绝对值	*AIQ*
解释变量	是否绿色并购	绿色并购=1,非绿色并购=0	*GMA*
	主并企业受绿色政策影响	绿色政策=1,非绿色政策=0	*AGP*
	被并企业受绿色政策影响	绿色政策=1,非绿色政策=0	*TGP*
调节变量	产权性质	国有企业=1,民营企业=0	*SOE*
	成长性	生命周期	*GROWTH*
	高管学术经历	是否于学术研究机构任职	*EXE*
	地区市场化进程	各省份市场化指数	*MAR*
控制变量	净资产收益率	净利润/平均股东权益	*ROE*
	资产负债率	总负债/总资产	*DAR*
	企业规模	总资产对数	*SIZE*
	权益乘数	总资产/所有者权益	*EM*
	财务杠杆	每股收益变动率/息税前利润变动率	*DFL*
	是否两职合一	是同一人=1,不是同一人=0	*CEO*
	董事会规模	董事人数	*DIR*
	交易对价	并购金额对数	*TRANS*
	收购比例	并购比例	*PER*

7.2.3　模型构建

为检验假设 1,即当目标企业所处的行业受到绿色政策扶持时,对主并企业实施绿色并购的影响,构建 Logit 模型:

$$GMA=\alpha_0+\beta_1 TGP+\delta controls+\varepsilon \qquad (7-3)$$

其中,α_0 为常数项,$\delta controls$ 为所有控制变量及相关系数,ε 为误差项。

考虑到主并企业是否受绿色政策影响绿色并购行为,进一步构建模型:

$$GMA = \alpha_0 + \beta_1 TGP + \beta_2 TGP \times AGP + \beta_3 AGP + \delta controls + \varepsilon \quad (7-4)$$

在假设 1 的基础上，运用灰色关联分析法，将工业内部各行业分成高污染行业与低污染行业，构建变量 POL，若为高污染行业则 $POL=2$，若为中污染行业则 $POL=1$，若为低污染行业则 $POL=0$。分组检验不同污染程度的主并企业对绿色政策扶持企业进行绿色并购的行为差异。

灰色关联度计算过程分为五步。

第一步，确定初始评价矩阵及参考数列。评价体系由 m 个对象、n 个指标构成，x_{ik} 代表第 i 个对象、第 k 个指标的值，则初始的评价矩阵为：

$$x' = \begin{pmatrix} x'_1 \\ x'_2 \\ \vdots \\ x'_m \end{pmatrix} = \begin{pmatrix} x'_1(1) & x'_2(1) & \cdots & x'_n(1) \\ x'_1(2) & x'_2(2) & \cdots & x'_n(2) \\ \vdots & \vdots & \vdots & \vdots \\ x'_1(m) & x'_2(m) & \cdots & x'_n(m) \end{pmatrix} \quad (7-5)$$

根据指标的情况，假定参考数列为 $X'_0=[x'_0(1),\cdots,x'_0(m)]$。

第二步，对数据标准化，处理后序列记为：

$$x = \begin{pmatrix} x_1 \\ x_2 \\ \vdots \\ x_m \end{pmatrix} = \begin{pmatrix} x_1(1) & x_2(1) & \cdots & x_n(1) \\ x_1(2) & x_2(2) & \cdots & x_n(2) \\ \vdots & \vdots & \vdots & \vdots \\ x_1(m) & x_2(m) & \cdots & x_n(m) \end{pmatrix} \quad (7-6)$$

$X_0=[x_0(1),\cdots,x_0(m)]$为标准化后的参考数列。

第三步，计算对应元素绝对值之差：

$|x_o(k)-x_i(k)|, i=1,2,\cdots,m; k=1,2,\cdots,n$。

第四步，计算关联系数：

$$\zeta_i(k) = \frac{\min\limits_i \min\limits_k |x_0(k)-x_i(k)| + \rho \cdot \max\limits_i \max\limits_k |x_0(k)-x_i(k)|}{|x_0(k)-x_i(k)| + \rho \cdot \max\limits_i \max\limits_k |x_0(k)-x_i(k)|} \quad (7-7)$$

其中，ρ 为分辨系数，通常取 $\rho=0.5$。

第五步，计算关联度：

$$\gamma_i = \sum_{k=1}^{n} w_k \zeta_i(k) \tag{7-8}$$

为检验假设 3,按产权性质将主并企业划分为国有企业与民营企业,研究产权性质对企业绿色并购的影响,构建模型:

$$GMP = \alpha_0 + \beta_1 TGP + \beta_2 TGP \times SOE + \delta controls + \varepsilon \tag{7-9}$$

为检验假设 4,构建了多元回归模型来检验主并企业进行绿色并购后是否会降低其会计信息质量。

$$AIQ - \alpha_0 + \beta_1 GMA + \delta controls + \varepsilon \tag{7-10}$$

$$AIQ = \alpha_0 + \beta_1 GMA + \beta_2 GMA \times TGP + \delta controls + \varepsilon \tag{7-11}$$

模型(7—10)主要检验绿色并购后主并企业会计信息质量的变化情况。$\beta_1 > 0$ 且显著,则说明并购后企业会计信息质量显著降低。在模型(7—10)的基础上,进一步考察了目标企业受绿色政策影响时对企业会计信息质量的影响,模型的关注重点是 β_3,它衡量目标企业绿色政策对企业会计信息质量的影响。如果绿色政策下的绿色并购降低了会计信息质量,那么 β_3 的系数显著为正,反之亦然。

7.3 实证检验

7.3.1 描述性检验

表 78 为变量描述性统计结果,所有样本的 *Greenma* 均值为 0.39,标准差为 0.49,表明绿色并购样本占所有并购样本的 39%,非绿色并购样本占所有并购样本的 61%,由此可见,虽然目前绿色并购样本数量不及非绿色并购样本,但在经济绿色发展大格局下,绿色并购已是资本市场的热点行为。*TGP* 均值为 0.346 5,说明所有样本中有近 35%的目标企业受到绿色政策的影响;*AGP* 均值为 0.365 7,说明样本中有近 37%的主并企业受到绿色政策的影响。*AIQ* 均值为−0.006 7,标准差为 0.08,说明所有样本企业在并购后的应计盈余减少,会计信息质量上升。*SOE* 均值为 0.533 8,说明主并企业中国有企业样本占比 53.38%。

表 78　　变量描述性统计

变量	平均值	中位数	最大值	最小值	标准差
GMA	0.39	0	1	0	0.49
AGP	0.365 7	0	1	0	0.48
TGP	0.346 5	0	1	0	0.48
*AIQ*1	−0.011 7	−0.007 1	0.281 5	−0.366 2	0.08
*AIQ*2	−0.059 1	−0.001 9	0.331 5	−0.301 8	0.07
SOE	0.533 8	1	1	0	0.50
GROWTH	1.689 1	1	3	1	0.78
EXE	0.113 5	1	0.71	0	0.11
MAR	21.554 1	6.86	201 9	0.39	170.94
ROE	0.031 3	0.056 5	0.823 1	−1.791 8	0.24
CEO	0.200 5	0	1	0	0.40
SIZE	22.099 8	22	25.92	18.83	1.28
DAR	0.547 7	0.568 4	1.607 9	0.012 3	0.22
DIR	8.789 3	9	15	4	1.73
EM	4.249 4	2.292 2	693.698	−119.814	34.62
TRANS	9.198 2	9.036 6	14.6910	4.605 2	1.89
PER	67.615 2	62.365	100	30	25.20
DFL	2.062 7	1.261 5	42.786 4	−0.798 5	3.13

7.3.2　分组差异分析

表 79 为绿色并购组（*GMA* ＝1）和非绿色并购组（*GMA* ＝0）的差异性分析。结果显示，绿色并购样本组中 *TGP* 的均值为 0.801 3、*AGP* 均值为 0.743 6，非绿色并购样本组 *TGP* 均值为 0.053 3、*AGP* 均值为 0.123 5，这说明绿色政策会促进企业进行绿色并购。绿色并购样本组 *AIQ* 的均值为−0.003 7，大于非绿色并购样本组中 *AIQ* 的均值−0.010 1，说明绿色并购导致的操纵性应计盈余提升，降低主并企业的会计信息质量，在一定程度上证明绿色并购的寻租动机。

表 79　　分组差异分析

	$GMA=1$	$GMA=0$
AGP	Mean=0.743 6 Std=0.44	Mean=0.123 5 Std=0.33
TGP	Mean=0.801 3 Std=0.40	Mean=0.053 3 Std=0.23
AIQ	Mean=−0.003 7 Std=0.07	Mean=−0.010 1 Std=0.09

7.3.3　回归分析

1. 绿色政策对绿色并购的影响

表 80 为假设 1a 与假设 1b 的回归结果。

表 80　　绿色政策对绿色并购的影响检验

GMA	(1) 假设 1a	(2) 假设 1b
TGP	0.759 9*** (20.65)	0.694 3*** (9.76)
$TGP \times AGP$		0.141 2** (1.95)
$TRANS$	−0.000 8 (−0.07)	0.004 2 (0.39)
PER	−0.001 0 (−1.17)	−0.001 1 (−1.31)
ROE	−0.244 2 (−1.58)	−0.256 7 (−1.65)
CEO	0.037 6 (0.83)	0.033 5 (0.74)
$SIZE$	0.008 7 (0.61)	0.000 4 (0.03)
DAR	0.171 2 (1.18)	0.153 0 (1.05)
DIR	0.005 2 (0.61)	0.008 2 (0.96)

续表

GMA	(1) 假设 1a	(2) 假设 1b
EM	−0.002 5 (−0.37)	0.000 6 (0.08)
DFL	0.007 0 (0.55)	0.005 5 (0.43)
YEAR	控制	控制
R^2	0.642 2	0.647 6

注：*** 为 $P<0.01$，** 为 $P<0.05$，* 为 $P<0.1$。

假设 1a 检验结果显示，*TGP* 系数为 0.759 9，在 1%水平上显著为正，这说明主并企业更倾向于对受到绿色政策影响的目标企业实施绿色并购。目标企业在绿色政策影响下的绿色行为积极性提高，开展绿色设计、选择绿色材料、实施绿色采购、打造绿色制造工艺、做好废弃产品回收处理，实现产品全周期的绿色环保，这一系列绿色行为的社会影响大、带动作用强，主并企业并购此类企业向外界传递了积极进行绿色经济转型的信号；同时，受绿色政策支持的目标企业享受政府投入的更多资源用于发展绿色业务、进行绿色专利创新，其获得的制度红利和资源红利对主并企业更具优势和吸引力。在此基础上，加入 *TGP* 与 *AGP* 交乘项 *TGP*×*AGP*，检验当主并企业受到绿色政策的影响时，是否更倾向于对受政策影响的目标企业实施绿色并购。假设 1b 检验结果显示，TGP 系数为 0.694 3，仍显著为正，TGP×AGP 系数为 0.141 2，在 5%水平上显著为正，这说明受绿色政策影响的主并企业有更强烈的动机对受绿色政策影响的目标企业实施绿色并购。因为在绿色政策影响下的主并企业自身有着进行绿色产业转型、发展绿色经济的强烈愿望，更愿意对同样具有绿色产业优势的企业实施并购，以增强自身的绿色发展能力和创新水平；并且该类主并企业通过履行绿色规制政策已积累了良好的外部声誉，相比于并购不受绿色政策影响的企业具有降低公众满意度的可能性，并购受政策影响的企业会产生协同效应，为企业带来更多的绿色声誉。

2. 主并企业不同污染程度在绿色并购中的行为差异

根据2012年国家颁布的上市公司行业分类指引，将工业企业主要划分为38个大类。2005—2018年规模以上的工业各行业的生产总值，如表81所示。

表81　　2005—2018年全国工业各行业生产值　　单位:亿元

	2005年	2008年	2011年	2014年	2017年	2018年
合　计	222 315.93	507 448.25	844 268.79	1 107 032.52	1 133 160.76	1 049 490.50
煤炭开采和洗选业	4 735.20	14 625.92	28 919.81	30 321.97	24 870.64	24 625.80
石油和天然气开采业	4 630.17	10 615.96	12 888.76	11 425.97	7 560.07	8 710.90
黑色金属矿采选业	980.93	3 760.65	7 904.3	9 340.81	4 064.44	3 374.40
有色金属矿采选业	913.53	2 727.84	5 034.68	6 296.76	5 104.15	3 729.10
非金属矿采选业	1 151.5	1 869.49	3 847.66	5 287.58	4 239.89	3 413.30
其他采矿业	10.38	10.35	16.74	24.54	37.53	30.90
农副食品加工业	9 543.82	23 917.37	44 126.1	62 665.12	59 894.39	47 758.30
食品制造业	3 288.25	7 716.54	14 046.96	20 399.89	22 140.85	18 679.80
饮料制造业	2 737.09	6 250.46	11 834.84	16 369.97	17 096.20	15 534.90
烟草制品业	2 597.21	4 488.87	6 805.68	8 962.65	8 890.91	10 465.40
纺织业	11 655.12	21 393.12	32 652.99	38 294.75	36 114.43	27 863.10
纺织服装、鞋、帽制造业	4 668.52	9 435.76	13 538.12	21 054.40	20 892.12	17 417.70
皮革、毛皮及其制品	3 133.23	5 871.43	8 927.54	13 896.08	14 105.61	12 130.50
木材加工制造业	2 002.36	4 803.6	9 002.3	13 246.85	12 947.89	9 210.30
家具制造业	1 495.46	3 072.8	5 089.84	7 273.41	8 787.88	7 081.70
造纸和纸制品业	3 971.24	7 873.87	12 079.53	13 535.18	14 840.51	14 012.80
印刷业和记录媒介的复制	1 744.24	2 685.01	3 860.99	6 765.30	7 857.66	6 471.10
文体教育用品制造业	1 428.45	2 498.39	3 212.38	14 939.35	15 931.04	13 408.80
石油加工、炼焦及核燃料加工业	9 088.84	22 628.68	36 889.17	41 094.41	40 331.50	47 910.80
化学原料及化学制品制造业	14 027.74	33 955.07	60 825.06	83 104.14	81 889.06	72 065.90
医药制造业	3 365.85	7 874.98	14 941.99	23 350.33	27 116.57	24 264.70
化学纤维制造业	1 994.19	3 970.16	6 673.67	7 158.81	7 916.55	8 394.00
橡胶和塑料制品业	7 300.89	14 125.78	22 910.2	29 919.12	30 526.72	24 845.20
非金属矿采选业	9 951.2	20 943.45	40 180.26	57 436.70	59 194.51	48 973.60

续表

	2005 年	2008 年	2011 年	2014 年	2017 年	2018 年
黑色金属冶炼及压延加工业	17 309.81	44 727.96	64 066.98	74 332.77	64 571.78	67 255.60
有色金属冶炼及压延加工业	6 244.08	20 948.74	35 906.82	51 312.09	54 091.07	52 215.30
金属制品业	6 359.66	15 029.61	23 350.81	36 396.44	35 952.04	34 375.10
通用设备制造业	10 270.75	24 687.56	40 992.55	47 016.78	45 611.05	38 308.90
专用设备制造业	5 824.81	14 521.3	26 149.13	34 826.38	35 835.21	29 920.00
交通运输设备制造业	14 538.43	33 395.28	63 251.3	85 977.12	101 558.23	95 226.30
电器机械及器材制造业	12 036.69	30 428.84	51 426.42	66 977.77	71 683.44	64 643.30
通信设备、计算机及其他电子设备制造业	22 594.03	43 902.82	63 795.65	85 486.30	106 221.70	107 685.40
仪器仪表及文化、办公用机械制造业	2 408.83	4 984.49	7 633.01	8 347.58	9 999.50	8 206.50
工艺品及其他制造业	2 119.76	4 088.63	7 189.51	2 579.38	2 623.22	1 675.10
废弃资源和废旧材料回收加工业	260.52	1 137.79	2 624.21	3 668.55	3 898.18	4 086.00
电力、热力生产和供应业	14 904.26	30 060.51	47 352.67	57 065.54	57 414.41	62 462.60
燃气生产和供应业	437.98	1 506.55	3 142.03	5 227.09	6 305.84	7 484.80
水生产和供应业	590.92	912.62	1 178.11	1 713.53	2 399.56	2 657.90

注：由于篇幅限制，只列举 2005 年、2008 年、2011 年、2014 年、2017 年、2018 年的数据。

资料来源：中国统计年鉴。

污染物排放量指标用工业废水排放量、工业废气排放量、工业固体废物排放量三个指标来反映环境质量的状况。以 2005—2018 年我国工业废水排放量、废气排放量、固体废物排放量为参考数列，以同一时间段的工业各行业生产值为比较数列，测算出的工业各行业与三种环境污染物的灰色关联度 α_i、β_i、ε_i，如表 82 的(1)、(2)、(3)列所示。

以 2005—2018 年工业生产总值为参考数列，以同一时间段的工业废水排放量、工业废气排放量、工业固体废物排放量为比较数列，通过均值化、计算绝对差和关联系数，最后得出工业生产总值与三种环境资源要素之间的灰色关联度为：

$\chi_1=0.5891$,$\chi_2=0.603$,$\chi_3=0.6457$,对关联度归一化后得到三种污染物间权重系数 $w=(0.32,0.33,0.51)$,从而得出工业各行业对环境影响的综合关联度 δ_i,如表 82 的(4)列所示。

根据工业各行业对环境影响的综合关联度将工业内部各行业分成高度污染行业、中度污染行业和轻度污染行业,工业内部分行业环境影响程度的划分,如表 83 所示。

表 82　　工业各行业灰色关联度

	(1) 废水 α_i	(2) 废气 β_i	(3) 固体 ε_i	(4) 灰色关联度 δ_i
煤炭开采和洗选业	0.582 5	0.629 2	0.772 0	0.664 4
石油和天然气开采业	0.666 6	0.729 7	0.646 8	0.680 4
黑色金属矿采选业	0.614 7	0.667 2	0.751 8	0.680 1
有色金属矿采选业	0.548 7	0.616 4	0.750 1	0.641 7
非金属矿采选业	0.522 9	0.614 9	0.799 7	0.650 3
其他采矿业	0.516 8	0.594 6	0.803 3	0.643 0
农副食品加工业	0.526 6	0.618 1	0.841 3	0.667 2
食品制造业	0.518 3	0.622 2	0.871 7	0.676 6
饮料制造业	0.528 3	0.622 1	0.872 6	0.680 1
烟草制品业	0.533 0	0.634 0	0.890 8	0.691 9
纺织业	0.547 9	0.626 7	0.788 1	0.658 2
纺织服装、鞋、帽制造业	0.526 1	0.621 2	0.848 6	0.670 6
皮革、毛皮及其制品业	0.519 5	0.618 5	0.859 2	0.671 3
木材加工制造业	0.529 5	0.618 9	0.841 8	0.668 6
家具制造业	0.514 5	0.617 1	0.869 8	0.673 0
造纸和纸制品业	0.548 8	0.624 3	0.808 5	0.664 8
印刷业和记录媒介的复制	0.483 9	0.590 1	0.815 0	0.635 1

续表

	(1) 废水 α_i	(2) 废气 β_i	(3) 固体 ε_i	(4) 灰色关联度 δ_i
文体教育用品制造业	0.475 7	0.572 3	0.789 2	0.617 5
石油加工、炼焦及核燃料加工业	0.581 6	0.679 6	0.847 1	0.707 1
化学原料及化学制品制造业	0.523 9	0.616 5	0.846 5	0.667 6
医药制造业	0.506 8	0.619 9	0.874 5	0.673 1
化学纤维制造业	0.561 4	0.669 2	0.863 9	0.703 1
橡胶和塑料制品业	0.532 3	0.614 3	0.850 8	0.671 1
非金属矿物制品业	0.519 3	0.610 9	0.855 9	0.667 6
黑色金属冶炼及压延加工业	0.570 7	0.615 7	0.758 0	0.651 3
有色金属冶炼及压延加工业	0.522 9	0.621 2	0.837 0	0.665 5
金属制品业	0.522 6	0.615 0	0.862 9	0.672 5
通用设备制造业	0.550 6	0.599 8	0.783 4	0.648 5
专用设备制造业	0.529 3	0.611 9	0.844 4	0.667 1
交通运输设备制造业	0.521 8	0.613 7	0.875 8	0.676 3
电器机械及器材制造业	0.535 0	0.615 8	0.845 0	0.670 4
通信设备、计算机及其他电子设备制造业	0.520 8	0.630 9	0.903 3	0.691 3
仪器仪表及文化、办公用机械制造业	0.546 2	0.636 4	0.838 4	0.678 5
工艺品及其他制造业	0.592 0	0.623 3	0.578 1	0.597 4
废弃资源和废旧材料回收加工业	0.526 9	0.605 9	0.875 0	0.675 1
电力、热力生产和供应业	0.554 0	0.632 8	0.843 8	0.681 7
燃气生产和供应业	0.487 6	0.598 4	0.857 4	0.653 9
水生产和供应业	0.471 3	0.592 6	0.850 4	0.644 3

表 83　　工业行业污染程度划分

重污染行业	中污染行业	轻污染行业
石油和天然气开采业	煤炭开采和洗选业	有色金属矿采选业
黑色金属矿采选业	农副食品加工业	非金属矿采选业
食品制造业	纺织业	其他采矿业
饮料制造业	纺织服装、鞋、帽制造业	印刷业和记录媒介的复制
烟草制品业	皮革、毛皮及其制品业	文体教育用品制造业
石油加工、炼焦及核燃料加工业	木材加工制造业	黑色金属冶炼及压延加工业
化学纤维制造业	家具制造业	有色金属冶炼及压延加工业
交通运输设备制造业	造纸和纸制品业	通用设备制造业
通信设备、计算机及其他电子设备制造业	化学原料及化学制品制造业	工艺品及其他制造业
仪器仪表及文化、办公用机械制造业	医药制造业	燃气生产和供应业
废弃资源和废旧材料回收加工业	橡胶和塑料制品业	水生产和供应业
电力、热力生产和供应业	非金属矿物制品业	
	专用设备制造业	
	电器机械及器材制造业	

根据工业各行业不同污染程度划分成三组分别进行实证，检验不同污染程度的工业企业对受绿色政策影响的目标企业实施绿色并购的倾向是否不同，表 84 为实证检验结果。

表 84　　不同污染程度的主并企业在绿色并购中的行为差异检验

GMA	(1) 重污染企业	(2) 中污染企业	(3) 轻污染企业
TGP	0.50** (2.25)	0.688 5*** (7.48)	0.777 2*** (8.07)
TGP×*AGP*	0.487 3** (2.04)	0.123 0 (1.21)	−0.056 7 (−0.61)
TRANS	−0.04 (−1.06)	0.017 0 (1.43)	−0.031 1** (−2.05)
CEO	−0.456 3* (−1.94)	0.031 1 (0.68)	−0.070 3* (−0.68)
EM	0.028 3** (2.64)	−0.000 1 (−0.74)	0.001 4 (0.08)
DAR	−0.512 7 (−1.32)	0.157 7 (1.43)	0.109 8 (0.94)

续表

GMA	(1) 重污染企业	(2) 中污染企业	(3) 轻污染企业
DIR	−0.016 9 (−0.61)	0.001 1 (0.10)	0.024 8 (1.04)
SIZE	0.002 6 (0.05)	0.000 1 (0.00)	0.037 5 (1.44)
YEAR	控制	控制	控制
R^2	0.629 1	0.627 5	0.782 5

注：*** 为 $p<0.01$，** 为 $p<0.05$，* 为 $p<0.1$。

表 84 中，列(1)展示了重污染企业中绿色政策对绿色并购的影响，*TGP* 系数为 0.5，在 5%水平上显著为正，再次证明了假设 1a；*TGP*×*AGP* 系数为 0.487 3，在 5%水平上显著为正，说明重污染企业如果受绿色政策影响，那么其更倾向于对受绿色政策影响的目标企业实施绿色并购。中污染企业组与轻污染企业组的 TGP 系数均在 1%水平上显著为正，证明了假设 1a；但中污染企业组的 *TGP*×*AGP* 系数为 0.123 0，虽为正但并不显著，轻污染企业组的 *TGP*×*AGP* 系数为 −0.056 7，同样不显著；这说明只有重污染企业在受到绿色政策影响时，会选择对同样受到绿色政策影响的目标企业实施绿色并购，中污染企业与轻污染企业并没有这种倾向。这是因为重污染企业受到绿色政策影响后的改善作用更明显，企业获得的增量绿色声誉比中、轻度污染企业更多，企业有想要通过绿色并购脱掉“重污染”帽子、实现实质性转型的迫切需要。

3. 主并企业不同产权性质在绿色并购中的行为差异

表 85 为不同产权性质的主并企业在对受绿色政策影响的目标企业进行绿色并购时的行为差异。

表 85　　不同产权性质的主并企业在绿色并购中的行为差异检验

	(1)	(2)
TGP	0.584 8*** (5.15)	0.596 7*** (8.26)
TGP×*SOE*	0.251 5** (2.01)	
TGP×*AGP*		0.245 7** (2.09)
TGP×*AGP*×*SOE*		0.104 4 (−0.99)
SOE	0.012 4 (0.22)	0.124 6*** (2.60)
controls	Yes	Yes
YEAR	控制	控制
R^2	0.650 0	0.636 9
F	59.15	56.97

注：*** 为 $p<0.01$，** 为 $p<0.05$，* 为 $p<0.1$。

表 85 中，列(1)引入 *TGP* 与 *SOE* 的交乘项 *TGP*×*SOE* 探究国有企业与非国有企业在对受政策影响的企业进行绿色并购时的行为差异。*TGP*×*SOE* 系数为 0.251 5，在 5%水平上显著为正，说明国有企业更倾向于对受绿色政策影响的目标企业实施绿色并购。究其原因，一是国有企业肩负更多的政策性负担，作为政府意志执行者的国有企业会更积极地配合政府政策导向，相较于非国有企业，国有企业的绿色并购决策可能与政府政策导向更一致；二是在对行业内的绿色投资进行协调、鼓励企业进行绿色研发创新时，政府与国有企业间的信息不对称较少，沟通成本更低；三是企业绿色转型需承担巨额的沉没成本，使得绿色行为也许根本就无法弥补企业的“绿色转型成本”，而民营企业以利润最大化为经营目标，在逐利动机的驱使下，民营企业更倾向于将资金投资于未受政策扶持但盈利性更高的投资项目。根据假设 1b 实证结果，主并企业是否受绿色政策影响也会影响对目标企业的绿色并购行为，列(2)加入 *TGP*×*AGP* 与 *SOE* 的交乘项 *TGP*×

$AGP \times SOE$，探究当主并企业与目标企业均受绿色政策影响时的绿色并购行为。结果显示，TGP 系数为 0.596 7，在 1%水平上显著为正，$TGP \times AGP$ 系数为 02457，在 1%水平上显著为正，再次验证假设 1；$TGP \times AGP \times SOE$ 系数不显著，说明国有企业与非国有企业在受绿色政策影响时对目标企业实施的绿色并购行为并没有显著差异。

4. 绿色政策影响下企业绿色并购的动机

表 86 为主并企业绿色并购动机检验。

表 86　　主并企业绿色并购动机检验

	*AIQ*1		*AIQ*2	
	(1)	(2)	(3)	(4)
GMA×*TGP*		0.072 2*** (3.89)		0.054 4*** (4.82)
GMA	0.061 9*** (6.64)	0.002 6 (0.14)	0.027 5*** (3.19)	−0.016 4 (−1.40)
_cons	−0.154 1 (−1.51)	−0.130 6 (−1.38)	−0.061 0 (−0.73)	−0.045 8 (−0.55)
controls	Yes	Yes	Yes	Yes
YEAR	控制	控制	控制	控制
R^2	0.237 7	0.280 2	0.143 0	0.181 4

注：*** 为 $p<0.01$，** 为 $p<0.05$，* 为 $p<0.1$。

表 86 中，列(1)、列(3)为主并企业进行绿色并购对其会计信息质量的影响，可以看出，主并企业进行绿色并购会显著降低企业的会计信息质量；列(2)、列(4)为绿色政策影响下的绿色并购如何影响企业会计信息质量。其中，列(2)为使用修正的琼斯模型衡量会计信息质量的回归结果，列(4)为非线性琼斯模型(考虑当年业绩的可操纵性应计数)衡量会计信息质量的回归结果。列(2)的 $GMA \times TGP$ 系数为 0.072 2，在 1%水平上显著为正，列(4)的 $GMA \times TGP$ 系数为 0.054 4，在 1%水平上显著为正，说明主并企业对受绿色政策影响下的目标企业进行绿色并购后，主并企业的可操纵性应计盈余管理程度显著增加，企业会计信息质量得到

显著降低。这表明企业进行的绿色并购行为主要是基于寻租观，企业并不是着眼于绿色发展的长远战略以实现企业长期利益最大化，绿色并购只是企业应对政策压力、获取政策福利的一时之选，在并购后不会有其他实质性的环保行为。并购重组作为整合产业资源的重要手段，其本来目的是实现资源的有效整合，满足实体经济发展的需求。如果处于寻租观而进行大量绿色并购交易会导致并购重组热潮下的节能环保产业逐渐呈现泡沫化趋势。

7.4 稳健性检验

7.4.1 模糊断点回归检验

为了克服潜在的内生性问题，采用二阶段最小二乘法(2SLS)重新对模型(7—11)进行模糊断点回归。由于2012年之后，我国绿色政策步入环境规制政策与绿色产业政策相结合的政策组合阶段。政府在环境规制政策层面，实施《环境保护法》《环境保护税法》。与此同时，《绿色产业指导目录》《绿色信贷指引》等绿色产业政策从萌芽阶段步入初步发展阶段。在环境规制政策与绿色产业政策的双重作用下，2012年之后的绿色并购数量较2012年均大幅提升。因此，以2012年为分界点划分绿色政策实施的两阶段，以年份作为工具变量，模糊断点回归结果见表87。*Fit* 均显著为正，表明对绿色政策影响下的企业进行绿色并购会显著增加可操纵性应计盈余管理程度，企业会计信息质量得到显著降低，与结论一致。

表87　　模糊断点回归

	*AIQ*1 (1)	*AIQ*2 (2)
FIT	0.292 9** (1.99)	0.110 3* (1.66)
_cons	−0.121 1* (−1.83)	−0.029 5 (−0.85)
controls	Yes	Yes

续表

	*AIQ*1 (1)	*AIQ*2 (2)
YEAR	控制	控制
R^2	0.202 6	0.123 0
PROB	0.00	0.00

注：*** 为 $p<0.01$，** 为 $p<0.05$，* 为 $p<0.1$。

7.4.2　替换变量检验

采用调整的 Dechow 和 Dichev(2002)模型及 Mc-Nicols(2002)模型测算可操控应计盈余，以此改变被解释变量来反映企业的会计信息质量并对前文假设进行稳健性检验，分别使用模型(7—12)、模型(7—13)进行估计。

$$\frac{TA_{i,t}}{A_{i,t-1}}=\beta_0\frac{1}{A_{i,t-1}}+\beta_1\frac{CFO_{i,t-1}}{A_{i,t-1}}+\beta_2\frac{CFO_{i,t}}{A_{i,t-1}}+\beta_3\frac{CFO_{i,t+1}}{A_{i,t-1}}\varepsilon_{i,t} \quad (7—12)$$

$$\frac{TA_{i,t}}{A_{i,t-1}}=\beta_0\frac{1}{A_{i,t-1}}+\beta_1\frac{\Delta REV_{i,t}-\Delta REC_{i,t}}{A_{i,t-1}}+\beta_2\frac{PPE_{i,t}}{A_{i,t-1}}+\beta_3\frac{CFO_{i,t-1}}{A_{i,t-1}}+\beta_4\frac{CFO_{i,t}}{A_{i,t-1}}+\beta_5\frac{CFO_{i,t+1}}{A_{i,t-1}}\varepsilon_{i,t} \quad (7—13)$$

表 88 为替换被解释变量后的回归结果，*GMA*×*TGP* 仍在 5%水平上显著为正，检验结果具有稳健性。

表 88　　替换变量检验

	DD (1)	*MN* (2)
GMA×*TGP*	0.092 6** (1.98)	0.070 7** (1.99)
GMA	−0.051 2 (−1.20)	−0.072 1 (−1.52)
_cons	0.193 4 (0.49)	0.443 8 (0.84)
controls	Yes	Yes

续表

	DD (1)	*MN* (2)
YEAR	控制	控制
R^2	0.058 5	0.118 4

注：*** 为 $p<0.01$，** 为 $p<0.05$，* 为 $p<0.1$。

7.5 进一步研究

是否存在某种机制能够保障或辅助绿色政策影响的实现效果？为尝试鉴别绿色政策对绿色并购的影响机制，研究进一步从企业内外部环境出发，考察企业成长性、企业高管的学术经历以及外部市场化进程的调节作用，深入检验能够抑制绿色政策下企业绿色并购的机会主义目的的其他影响因素。

7.5.1 企业成长性

生命周期理论意味着业绩较差企业会进行多元化并购，使得多元化并购出现正面的市场反应(Arikan 和 Stulz，2016)。目前多数研究将企业生命周期划分为初创期、成长期、成熟期、衰退期四个阶段。相对于成长期企业，衰退期企业为缓解业绩压力对受到国家绿色政策支持的企业发起绿色并购的概率更高，这意味着可能存在其他导致衰退期企业更多进行“另起炉灶”型并购的机制(杨威等，2019)。衰退行业与成长行业之间的多样化并购有机地将处于不同行业阶段的企业之间的竞争优势相结合，从而形成新的“创新型”竞争优势。但是，对于处于衰退期的企业而言，代理问题日益加剧。衰退行业与成长行业之间的多样化并购能够在一定程度上避免衰退行业之间企业的横向并购带来的严重代理问题(刘笑萍等，2009)。

基于以上分析，研究企业成长性(*GROWTH*)，即主并企业所处的成长阶段是否会对绿色政策影响下企业绿色并购产生影响，构建模型(7－14)。在对企业生命周期的研究过程中，学者们发现采用与企业价值创造相关的三种活动产生的现金流的组合符号能够较好地度量企业生命周期，同时也与直觉基本相符。因为企业的价值创造源于企业的经营活动、投资活动和融资活动，并直接与企业盈余产生过程相关。采用 Dickinson（2007）提出的基于现金流分类方法，运用 Gort 和 Kleppe 提出的生命周期的 5 个阶段，即导入期、增长期、成熟期、淘汰期及衰退期，对中国的上市公司生命周期代理变量的符号进行判断，同时考虑到研究样本均为上市公司的特点，将导入期和增长期并为成长阶段（$GROWTH=1$），生命周期处于成熟期时为成熟阶段（$GROWTH=2$）；生命周期处于淘汰期和衰退期时并为衰退阶段（$GROWTH=3$）。

$$AIP=\alpha_0+\beta_1 GMA+\beta_2 GMA\times TGP+\beta_3 GMA\times TGP\times GROWTH+\delta controls+\varepsilon \quad (7-14)$$

7.5.2 高管的学术经历

许多研究从学者型高管与企业社会责任的联系人入手进行研究。Cho 等（2017）研究发现董事会成员有学术背景的，将显著提高公司的社会责任评级；郭玉冰等（2021）学术经历的烙印效应使高管更加自律并且具备更高的道德水平、更强的社会责任意识和社会责任履行能力；周楷唐等（2017）研究企业高管团队成员（首席执行官、总经理、副总经理和财务负责人）的学术经历与企业融资成本的关系，结果显示学术经历能帮助公司降低融资成本约 6.4%。在外部监督机制较弱时，学术经历作为一种内在约束机制是对外部机制的良好替代。苑泽明等（2019）从理论和实证两个方面研究了绿色发展背景下“文人高管”对企业环保投资行为的影响效应及机制后发现：高管的学术经历对企业环保投资具有正向的促进作用。综上所述，高管的学术经历（EXE）反映了企业管理人员对环境保护的认知水平和认识程度及环境保护行为的自觉性，具有学术经历的高管给公司带来更多的正面影响，能够提高公司的声誉、外部形象和内部治理水平，可以预期，具有学术经历的高管在企业进行绿色并购时可能会更注重社会责任的履行，而非仅仅迎合绿色政策。基于以上分析，构建模型(7－15)。

$$AIP = \alpha_0 + \beta_1 GMA + \beta_2 GMA \times TGP + \beta_3 GMA \times TGP \times EXE + \delta controls + \varepsilon \tag{7－15}$$

7.5.3 地区市场化进程

在市场化水平高的地区，法律监管体系较完善，经济发展和信息化水平较高，有利于对公司的监督治理效应。张明龙(2020)研究发现绿色投资与市场化进程相结合对经济发展的影响作用比绿色投资单项指标的作用更显著，市场化条件下的绿色投资仅对本地区经济发展产生有效的促进作用，但对相邻省市会有一定的抑制作用，呈现出区域经济发展的"虹吸效应"。此外，市场化水平高的地区，媒体基于更大的利益导向，更可能会积极主动地对企业行为进行监督，增加企业面临的环保压力，重污染企业越倾向于进行绿色并购(赵莉和张玲，2020)。因此，可以预期市场化水平高的地方会抑制企业为迎合绿色政策作出绿色并购的机会主义动机，管理层出于维护自身声誉的目的考虑也更多将绿色并购作为有效转型的工具。基于地区市场化进程(*MAR*)，构建模型(7－16)。

$$AIP = \alpha_0 + \beta_1 GMA + \beta_2 GMA \times TGP + \beta_3 GMA \times TGP \times MAR + \delta controls + \varepsilon \tag{7－16}$$

表 89 为主并企业成长性、高管学术水平及所在地区的市场化进程对并购后企业会计信息质量的调节效应。

表 89　　主并企业内外部环境调节效应

	GROWTH		*EXE*		*MAR*	
	AIQ1 (1)	AIQ2 (2)	AIQ1 (3)	AIQ2 (4)	AIQ1 (5)	AIQ2 (6)
GMA×TGP×GROWTH	0.013 9** (2.12)	0.007 2* (1.31)				
GMA×TGP×EXE			−0.117 8** (−1.97)	−0.126 2* (−1.67)		

续表

	GROWTH		EXE		MAR	
	AIQ1	AIQ2	AIQ1	AIQ2	AIQ1	AIQ2
	(1)	(2)	(3)	(4)	(5)	(6)
GMA×*TGP*×*MAR*					−0.000 1** (−2.14)	−0.000 1** (−2.02)
GMA×*TGP*	0.060 3*** (2.97)	0.042 2*** (2.89)	0.084 4*** (4.41)	0.056 0*** (3.86)	0.078 0*** (4.59)	0.054 8*** (4.84)
GMA	−0.002 6 (−0.14)	−0.011 7 (−1.03)	−0.004 9 (−0.24)	−0.168 3 (−1.13)	−0.003 2 (0.07)	−0.016 0 (−1.36)
controls	Yes	Yes	Yes	Yes	Yes	Yes
_cons	−0.175 7 (−1.78)	−0.007 8 (−0.38)	−0.122 5 (−1.44)	−0.040 5 (−1.10)	0.020 0 (0.22)	−0.037 6 (−0.45)
R^2	0.284 2	0.163 6	0.299 3	0.169 4	0.232 3	0.187 3

注：*** 为 $p<0.01$，** 为 $p<0.05$，* 为 $p<0.1$。

首先，加入企业成长性交乘项后，列(1)的回归结果显示，在 *GMA*×*TGP* 仍在1%水平上显著为正的前提下，*GMA*×*TGP*×*GROWTH* 系数为0.013 1，在5%水平上显著为正，列(2)的回归结果显示，在 *GMA*×*TGP* 仍在1%水平上显著为正的前提下，*GMA*×*TGP*×*GROWTH* 系数为0.013 1，在5%水平上显著为正，这表明相比于成长期企业，处于衰退期的主并企业对受政策影响下企业进行的绿色并购行为具有促进作用。

其次，考虑高管学术经历(*EXE*)的调节作用。列(3)的回归结果显示，在 *GMA*×*TGP* 在1%水平上显著为正的前提下，*GMA*×*TGP*×*EXE* 系数为−0.117 8，在5%水平上显著为正，列(4)的 *GMA*×*TGP*×*EXE* 系数为−0.126 2，在10%水平上显著为正，这表明企业高管学术水平越高，其环保意识以及对环境违规的敏感性和声誉损失会抑制企业进行政策套利型绿色并购。究其原因，一是拥有学术经历的高管具备更强的道德水平、环保意识和绿色发展理念，会更愿意提高企业会计信息透明度，转变企业原有的发展模式、推动绿色转型；二是高管的学术经历会使其对国家最新相关政策、市场前景和技术前沿把握更深刻，能够遏制管理层的短视行为，抑制企业进行向下的盈余管理行为。

最后，考虑企业所处地区市场化水平(*Mar*)的调节作用。列(5)、列(6)的回归结果显示，在 $GMA \times TGP$ 在1%水平上显著为正的前提下，$GMA \times TGP \times MAR$ 系数为—0.000 1，在5%水平上显著为正，这表明企业所处地区的市场化水平越高，对绿色政策出台后主并企业进行的绿色并购的机会主义动机有着显著的抑制作用。这是因为在市场化水平高的地区，市场在绿色发展中的制度红利得到充分释放，市场更容易建立驱动绿色发展的长效机制，充分运用市场化手段，推进生态环境保护市场化进程，有效促进全社会节约、加快绿色环保产业发展的积极作用；在市场化水平高的地区，法律监管体系较完善，经济发展和信息化水平较高，有利于对公司的监督治理效应。

7.6 结论与建议

坚持绿色发展道路，推进产业结构、能源结构的绿色转型，对推进中国经济实现高质量发展具有重要意义。在此背景下，绿色金融法规、政策成为政府推动绿色发展的重要政策选择。基于2005—2020年沪深A股上市公司并购数据考察绿色政策对企业绿色并购的影响，并基于会计信息质量变化的视角考察企业对受绿色政策影响下的企业进行绿色并购的真实动因，为政府制定与实施绿色产业政策、引导产业结构绿色转型升级提供合理化建议。

通过理论分析和实证检验得出以下结论：

第一，主并企业更倾向于对受到绿色政策影响的目标企业实施绿色并购。同时，在绿色政策影响下的主并企业自身有着进行绿色产业转型、发展绿色经济的强烈愿望，更愿意对同样具有绿色产业优势的企业实施并购，以增强自身的绿色发展能力。

第二，在此基础上，探究不同污染程度的主并企业在绿色并购过程中的行为差异。研究发现,重污染企业在受到绿色政策影响时,会选择对同样受到绿色政策影响的目标企业实施绿色并购,中污染企业与轻污染企业并没有这种倾向。这是因为重污染企业受到绿色政策影响后的改善作用更加明显,企业获得的增量绿色声誉比中、轻度污染企业更多,企业有想要通过绿色并购脱掉“重污染”帽子、实现实质性转型的迫切需要。

第三,不同产权性质的主并企业在绿色并购过程中同样具有行为差异,国有企业肩负更多的政策性负担,作为政府意志执行者的国有企业会更积极地配合政府政策导向,因此更倾向于对受绿色政策影响的目标企业实施绿色并购。

第四,主并企业对受绿色政策影响下的目标企业进行绿色并购后,可操纵性应计盈余管理程度显著增加,企业会计信息质量得到显著降低。这表明企业进行的绿色并购行为更主要是基于寻租观,企业并不是着眼于绿色发展的长远战略以实现企业长期利益最大化,在并购后不会有其他实质性的环保行为。

第五,进一步研究发现,主并企业成长性、高管学术经历及地区市场化水平等内外部因素能够负向调节企业盈余管理程度,显著抑制绿色政策下企业绿色并购的机会主义行为,更多地将绿色并购作为有效转型的工具。

绿色金融政策影响绿色并购的实证分析结论具有重要的实践与政策启示。

第一,健全绿色金融激励引导制度。从研究中可以发现,由于污染企业长久以来资源导向型发展模式积累了显著的规模效应,并形成了路径依赖和锁定效应,即使当前污染成本有所增加,只要环境规制的成本低于其粗放发展的收益,遵循理性经济人假设的企业管理层仍然会延续以往污染的发展方式。绿色并购只是企业应对政策压力、获取政策福利的一时之选,在并购后不会有其他实质性的环保行为。因此,政府应当健全激励制度,在财政上提供资金支持,提高企业参与绿色活动的积极性;规范行业行为,完善金融政策支持体系,出台依靠强制力保证实施的严格的绿色金融相关法律法规,加大追责力度,使企业利益驱动与社会责任紧密联系。同时,在通过绿色政策引导产业升级的过程中要注意抑制企业套取“政策优惠”的短视行为,引导企业在绿色政策框架下遵循市场规律,进行市场导向的绿色投资和绿色并购，减少因为政策导致的套利空间过多地扭曲市场机制。

第二，虽然目前发展绿色金融无法给企业带来直接的显著收益，但因为企业对于承担社会责任的正外部性需要一个长的周期才能显现，企业都应具有长远眼光，履行社会义务，主动实施绿色金融政策，推动完善绿色金融机制，助力可持续发展。增强企业内部绿色环保意识，充分利用各种渠道、媒体宣传绿色金融知识，培育员工的绿色金融素养与思维模式；注重培养绿色向上的企业文化和制定优秀人才开发培养计划，注重对跨学科综合型人才的培养，在员工引进时进行综合素质考察，注重考核员工的绿色环保意识和知识。

第三，政府应当选择合适的绿色政策，通过适当提升绿色政策的强度，激励污染企业实施绿色并购。丰富环境规制的手段和方式，加快设计和实施排污交易权、能源税等。同时，把控环境规制的强度要优先于环境规制方式的设计，注重环境规制的强度，过于严苛的环境规制会起到相反的效果，影响重污染企业承担社会责任的积极性。

第四，虽然绿色发展有很强的正外部性，但是在融资过程中会面临资本金不足，缺少可持续还款来源等困难，完全用市场化的机制会有一定的困难，存在一定的市场失灵。应进一步深化市场化改革，构建市场驱动传统产业绿色转型和培育新兴绿色产业发展的新机制，着力优化企业的外部运行环境，通过完善相关法规、加强政府环境考核等方式，推进重污染企业形成绿色、持续的发展模式，实现实质性转型。

8 绿色金融对地区绿色发展的影响情况——以长三角为例

长三角地区仅占国土面积 2.1%，却集中了全国约 25%的经济总量和 25%以上的工业增加值，被视为中国经济发展的重要引擎。长三角地区一体化方案与生态示范区的建设，都彰显了“生态、绿色、可持续”的发展理念，同时也显示出长三角地区追求高质量发展的特色，是我国区域绿色发展的典范。改革开放以来，长三角地区作为我国经济最发达、市场化程度和开放化程度最高的地区之一，也经历过污染—发展—治理—再发展的过程，仅太湖绿藻治理就历时数年，其中绿色金融政策发挥了怎样的作用？

2016 年中国人民银行联合七部委发布并出台《关于构建绿色金融体系的指导意见》，由此我国绿色金融发展迅速。除了发展进程较快的绿色信贷和绿色债券外，各种类型的绿色金融创新化产品逐渐推出，不仅是国有商业银行和股份制银行参与其中，越来越多的城市商业银行也加入绿色金融创新，开始了地方绿色金融创新实践。绿色金融不是传统金融戴“绿帽”，是金融市场从低级向高级不断发展的结果，也是金融产品和工具种类不断创新的具体体现，如何利用绿色金融驱动绿色发展是经济高质量发展的迫切需求。

8.1 影响绿色发展的理论与方式

绿色发展是要将环境资源作为社会经济发展的内在要素；要把实现经济、社会和环境的可持续发展作为目标;要把经济活动过程和结果的"绿色化""生态化"作为主要内容和途径。双碳目标的实现是中国绿色发展的战略,为此,国家制定了一系列具体发展措施,从技术创新、产业调整、消费引导到官员考核等各个方面全方位进行。

为此,不少学者围绕绿色发展的理论与方式进行探索。王玲玲和张艳国(2012)在绿色发展理论及其发展途径等方面开展研究,认为绿色发展这一系统中包含的绿色经济发展、绿色环境发展、绿色文化发展、绿色政治发展等各个子系统之间不是相互孤立的,互不相干的,它们是辩证统一的,并详细阐述了绿色发展这一新型发展模式。胡鞍钢和周绍杰(2014)认为能否实现绿色发展取决于能否实现绿色治理,主要有绿色发展能力和绿色发展战略两个方面,绿色发展能力由识别能力、投入能力和评估能力组成;绿色发展战略由绿色金融、绿色规划和绿色财政组成。杨解君(2016)认为绿色发展理念在未来能够推动我国绿色经济的稳健发展,同时也认为绿色发展理念离不开政策的推动和法治的保障。郑海友(2016)指出实现绿色发展是多重因素作用的结果,其中包括科技、资本、文化和制度,要充分认识四者的性质和特点,使它们有机结合形成合力推动绿色发展。孟丽君(2021)认为绿色发展效率水平的影响因素是多方面的,包括了生产、技术、生活和治理四个方面。高赢(2019)对中国八大经济区的绿色发展绩效研究中指出,经济发展、要素禀赋机构、城镇化、对外开放程度、能源结构、产业机构和碳强度对绿色发展有影响,具体而言对各个经济区的作用差异较大。周亮等(2018)认为人文社会因素、自然本底条件和综合自然对绿色发展有不同的作用,人文社会因素影响程度大于自然本底要素作用。吴传清和宋筱筱(2018)认为影响长江经济带城市绿色发展效率的六大因素为经济发展、科教投入、政策支持、工业发展、人口密度、对外开放。韩晶和陈曦(2021)认为长江经济带沿线城市绿色发展水平影响因素有经济实力、产业结构、外商投资、科技水平、人口集聚程度、环境规制强度。李爽等(2019)认为经济发展水平、环境规制、科研投入、对外开放、产业机构、经济集聚是长江经济带城市绿色发展的影响因素。

8.2 指标选取

8.2.1 绿色金融的指标选取

绿色金融指标的选取为绿色信贷、绿色证券、绿色保险、绿色投资和碳金融，见表 90。

表 90　绿色金融指标

一级指标	评价因子	属性
绿色信贷	高耗能企业利息支出占比	负向
绿色证券	节能环保上市企业市值占 A 股总市值比重	正向
绿色保险	农业保险收入占比	正向
绿色投资	环境污染治理投资占生产总值比重	正向
碳金融	碳强度	负向

1. 绿色信贷

使用高耗能企业利息支出占比。由于高耗能企业的高产能、高污染的特点对资源环境有一定的破坏作用，而银行对企业的信贷在某种程度上对高耗能企业有一定的规制作用，因此高耗能企业利息支出占比能够反映银行支持绿色发展的力度。

2. 绿色证券

选取节能环保上市企业市值占 A 股总市值比重。绿色证券产品包括绿色债券、概念股和绿色股票指数等，但由于我国未对绿色债券指数进行分区化统计，节能环保企业发展企业的数据可获得性高，因此选取节能环保上市企业市值占比。

3. 绿色保险

使用农业保险。由于我国环境责任保险数据具有不可获得性，因此借鉴之前学者的经验，采用农业保险作为指标，农业保险通过为种植业、林业、畜牧业和渔业提供一定的保障，因此可在一定程度上反映对生态环境的保护。

4. 绿色投资

选取环境污染治理投资占国内生产总值比重。包括政府与企业对环境污染治理的各项投入。

5. 碳金融

采用碳强度进行测量。由于各省未公布清洁机制项目的交易数或者注册数，在碳金融方面采取碳强度作为衡量指标。

8.2.2 长三角地区绿色发展的指标构建

在北京师范大学、西南财经大学、国家统计局中国经济景气监测中心联合推出发布的《2010 中国绿色发展指数年度报告》中，对绿色发展指数有三个一级指标：经济增长绿化度、资源环境承载潜力和政府政策支持度。它们分别反映经济增长中生产效率和资源使用效率，资源与生态保护及污染排放情况，政府在绿色发展方面的投资、管理和治理情况等。

绿色发展理念是建立在可持续发展基础上的，最主要的因素就是环境、经济和社会，最主要的特征则是三个因素互相制约，互相促进，协调发展。

田泽、魏翔宇和丁绪辉(2018)选取产业绿色增长度、资源环境承载力、政府政策支撑力为评价层，产业绿色增长效率、产业绿色增长潜力、资源丰裕程度、环境污染程度、环境治理力、基建能力作为评价项目因子。韩晶和陈曦选取人均 GDP、第三产业与第二产业产值之比、实际利用外资额占 GDP 比重、城市创新指数、人口密度、环境规制指数对长江经济带沿线城市绿色发展水平进行衡量。

李爽等(2019)在长江经济带城市绿色发展及影响因素分析中选取人均 GDP、扣除教育与科技支出的非公共性支出在财政支出中所占比重、城市科技支出占财政支出比重、外商投资企业的投资总额、工业增加值与 GDP 之比、市辖区年末总人口进行绿色发展效率的衡量。

汪凌志(2021)在长三角地区绿色发展水平评价及比较分析中，把绿色发展分为绿色生态、绿色生产和绿色生活三个一级指标，在三个一级指标下分设六个二级指标，下设评价因子作为绿色发展水平评价指标体系。

孟丽君（2021）选择了人口素质部分分量、经济水平、居民环保意识强度、环境污染治理投资等。

顾剑华（2021）在高质量绿色发展的大指标下选择了经济发展、社会包容、民生福利、绿色可持续等准则层，分别下设因素层来进行衡量。

综合以上分析，从绿色经济增长度、资源环境承载力、政府支持力度和城市公众满意程度进行长三角地区绿色发展水平的测度。

绿色经济增长度包括绿色增长效率和产业绿色化水平。其中，绿色增长效率包括人均GDP、单位GDP二氧化硫排放量；产业绿色化水平包括第三产业增加值占GDP比重、一般工业固体废物综合利用率和第二产业碳排放占比。

资源环境承载力包括资源丰裕程度和环境治理程度。资源丰裕程度包括森林覆盖率、森林蓄积量；环境治理程度包括废水排放量、废气中主要污染物排放量、造林总面积、环境保护支出占财政支出比重、工业治理完成投资生活垃圾无害化处理率、污水集中处理率。

政府支持力度包括绿色生活程度和基础支撑力。绿色生活程度包括城市每万人拥有公共交通车辆、城市建成区绿地率、节水灌溉面积合计、人均公园绿地面积；基础支撑力包括城市供水综合生产能力、环境基础设施建设投资情况以及每万人拥有公共厕所数量。

绿色发展指标，如表91所示。

表 91　　绿色发展指标

	一级指标	二级指标	评价因子	单位	属性
绿色发展指标	绿色经济增长度	绿色增长效率	人均 GDP	元	正向
			单位 GDP 二氧化硫排放量	吨/万元	逆向
		产业绿色化水平	第三产业增加值占 GDP 比重	%	正向
			一般工业固体废物综合利用率	%	正向
			第二产业碳排放占比	%	负向
	资源环境承载力	资源丰裕程度	森林覆盖率	%	正向
			森林蓄积量	亿立方米	正向
		环境治理程度	废水排放量	万吨	逆向
			废气中主要污染物排放	万吨	逆向
			造林总面积	千公顷	正向
			环境保护支出占财政支出比重	%	正向
			工业治理完成投资	万元	正向
			生活垃圾无害化处理率	%	正向
			污水集中处理率	%	正向
	政府支持力度	绿色生活程度	城市每万人拥有公共交通车辆	标台/人	正向
			城市建成区绿地率	%	正向
			节水灌溉面积合计	千公顷	正向
			人均公园绿地面积	公顷/人	正向
		基础支撑力	城市供水综合生产能力	万立方米/日	正向
			环境基础设施建设投资情况	亿元	正向
			每万人拥有公共厕所数量	座	正向

8.3　长三角地区绿色发展的现状与绿色金融的影响情况

2015 年党的十八届五中全会提出五大发展理念——创新、协调、绿色、开放、共享。绿色成为关乎我国发展全局的重要理念，标志着我国经济社会从粗放型发展模式向高质量发展模式转变。党的十九大报告进一步强调“生态文明建设功在当代，利在千秋”，坚持人与自然和谐共生，被纳入新时代坚持和发展中国特色社会主义基本方略。2018年，习近平总书记在首届中国国际进口博览会开幕式上提出长三角区域一体化发展上升为国家战略，标志着长三角一体化进入了全面提速阶段。2019年党中央国务院发布了《长江三角洲区域一体化发展规划纲要》，特别强调了推动形成区域协调发展新格局，强化生态环境共保联治。

在绿色发展理念指引下，长三角地区有效推动新型工业化、新型城镇化、信息化、农业现代化和绿色化协同发展，完善区域协调发展新机制。首先，高新技术产业集群是长三角地区新型工业化和接受国际先进制造业转移的有效方式。2020年，阿里巴巴集团、中国长江三峡集团、华为技术有限公司等12家行业巨头、高校院所，正式成为长三角生态绿色一体化发展示范区开发者。长江三角洲由于独特的区位优势、人力资本优势及地区的比较优势，正在迅速形成我国区域高新技术产业成长的地区竞争优势，也是推动长江三角洲产业升级和城市竞争力的重要力量。目前，长三角已成为国内发展基础最好、体制环境最优、整体竞争力最强的地区之一，初步形成了世界级地区的规模和布局。长三角地区以上海为核心城市，南京、苏州、无锡、杭州、宁波、合肥等在区域内地位突出，形成了层次分明的城镇体系。随着交通网络不断完善，长三角地区范围内的绝大部分地区均处于核心城市上海的3小时经济圈内，核心区城镇化水平超过60%。其次，长三角区域的核心城市数字化有着坚实的智慧城市建设基础，已形成涵盖城市生产、生活、生态的智慧城市运行和管理体系；在新基建背景下，5G、人工智能、大数据、物联网等新一代信息化技术创新在长三角地区都有着长足的发展。长三角地区是我国农村改革最早、农业产业体系最全、农业科技创新能力最强、城乡一体化进程最快的地区之一，在国家农业农村现代化建设全局中具有重要的战略地位。关于长三角地区的绿色发展政策，从环境治理到产业着力，政府不断根据实际情况调整出台相关政策，持续完善顶层设计，健全体制机制，夯实法律基础，积极努力贯彻绿色发展理念。

根据《长三角绿色金融发展报告：竞争力视角》，随着城市经济水平的提升，长三角"40+1"评价。整体来看，长三角未来绿色金融工作进展空间较大。目前，各城市间的绿色金融政策制定、市场活力、保障措施等有较大差异，处于绿色金融改革创新试验区的城市，其政策制定较为翔实、市场活力较为充分、保障措施较为得力，呈现出较明显的空间集聚特征。

根据报告可以看到长三角地区绿色金融与绿色发展的基本情况。从城市经济发展水平来看，长三角地区的绿色金融发展水平和各地的经济发展水平密切相关，人均 GDP 得分较高的城市其环境绩效也呈现相对较高的趋势。上海、苏州、杭州、南京、合肥等经济发展水平较高的城市，绿色金融发展得分也相对处于较高的水平。城市化水平较高的地区，绿色金融评价得分较高，在政策制度完善方面较领先。这说明随着城市化水平不断上升，城市化质量不断提高，城市化过程中的过度消耗、环境污染、生态退化等问题带来了生态环境压力，这倒逼城市在绿色金融政策方面有所动作。从地区的产业结构来看，随着城市产业结构的升级优化，环境治理特别需要第三产业的支撑，绿色金融涵盖绿色技术创新、绿色产业壮大、绿色服务业成熟等多领域，这将从源头减缓城市环境的压力。

8.4 实证设计

8.4.1 数据来源

根据 2019 年最新通过的《长江三角洲区域一体化发展规划纲要》，长三角地区包括上海、江苏、浙江、安徽全域。由于各城市所得的数据缺少部分较多，按照系统性、可获得性、科学性等原则，本书选取 2012—2020 年长三角地区上海、江苏、浙江、安徽的全省数据，原始数据来源于国家统计局、中国经济社会大数据研究平台，以及《中国统计年鉴》《上海统计年鉴》《江苏统计年鉴》《浙江统计年鉴》《安徽统计年鉴》《中国第三产业统计年鉴》《中国城乡建设统计年鉴》《中国环境统计年鉴》《上海历史统计资料汇编》等。对于某些年份缺少的数据，采用线性方法进行填补。

8.4.2 变量设置

综合文献考虑，兼顾数据的可获得性，借鉴绿色发展评价研究，从产业结构、自然资源水平、资源利用水平和社会民生四个维度选择控制变量，分别为第二产业比重、人均水资源量、单位 GDP 能耗和居民可支配收入，具体如表 92 所示。

表 92　　变量选取

	评价维度	具体指标
解释变量	绿色金融发展水平	绿色金融发展指数 X_5
被解释变量	绿色发展水平	绿色发展指数 Y
控制变量	产业结构	第二产业增加值占 GDP 比重 X_1
	自然资源水平	人均水资源量 X_2
	资源利用水平	单位 GDP 能耗 X_3
	社会民生	居民可支配收入 X_4

8.5 实证分析

8.5.1 长三角地区绿色金融和绿色发展指标情况

在现有文献中大多数学者均采用了熵值法对绿色发展水平进行评价，在现有建立的指标评价体系上，对基础数据采取标准化处理，消除变量间的量纲关系，使数据具有一定的可比性。标准化处理公式为：

正向指标：

$$x_{ij}=\frac{X'_{ij}-X'_{j\min}}{X'_{j\max}-X'_{j\min}}(i=1,2,\cdots,26;j=1,2,\cdots,19) \tag{8—1}$$

负向指标：

$$x_{ij}=\frac{X'_{j\max}-X'_{ij}}{X'_{j\max}-X'_{j\min}}(i=1,2,\cdots,26;j=1,2,\cdots,19) \tag{8—2}$$

式中，x_{ij} 为 i 个评价对象上的第 j 个评估价值表标准化后的数值，$X'_{j\max}$、$X'_{j\max}$ 分别表示第 j 个指标的最大值和最小值。

计算比重：

$$P_{ij}=\frac{X'_{ij}}{\sum_{j=1}^{m}X'_{ij}} \tag{8—3}$$

式中，m 为城市样本数。

计算各分量的信息熵：

$$M_i=-k\sum_{j=1}^{m}P_{ij}\ln P_{ij},k=\frac{1}{\ln m} \tag{8—4}$$

计算各指标权重，差异为 $T_i=1-M_i$：

$$W_i=\frac{T_i}{\sum_{i=1}^{n}T_i} \tag{8—5}$$

式中，n 为指标数。

由此得到2012—2020年长三角地区三省一市的绿色金融水平评价指标的比重，再经过计算得到长三角地区三省一市绿色金融指标综合得分，见表93。

表93　绿色金融指标综合得分

年份	安徽省	江苏省	上海市	浙江省
2012	0.085 329	0.019 912	0.019 09	0.013 937
2013	0.081 116	0.023 492	0.019 61	0.019 253
2014	0.067 11	0.020 252	0.022 598	0.019 591
2015	0.055 405	0.018 989	0.021 417	0.017 436
2016	0.053 773	0.014 452	0.017 892	0.017 713
2017	0.053 623	0.011 409	0.016 019	0.012 837
2018	0.058 175	0.010 368	0.014 661	0.012 306
2019	0.056 498	0.017 311	0.013 01	0.010 626
2020	0.047 385	0.016 174	0.011 882	0.009 349

总体来看，安徽省的绿色金融指标综合得分最高，依次为安徽省、江苏省、上海市、浙江省。但从2012—2020年看，长三角地区三省一市的绿色金融发展综合得分是下降的。安徽省绿色金融综合得分2012—2020年持续下降；江苏省2012—2020年总体呈现下降，但是起伏不定，没有持续下降趋势；上海市2012—2015年绿色金融综合得分在上升阶段，2015—2020年持续下降；浙江省2012—2020年绿色金融综合得分总体呈现下降趋势，但2012—2014年呈现上升趋势。

依照公式得到绿色发展水平评价指标各自的比重，再经过计算得到长三角地区三省一市的绿色发展指标综合得分，见表94。

表94　　绿色发展指标综合得分

年份	安徽省	江苏省	上海市	浙江省
2012	0.020 332	0.031 392	0.011 172	0.023 361
2013	0.029 122	0.040 815	0.012 052	0.024 102
2014	0.028 029	0.045 460	0.013 778	0.030 134
2015	0.032 085	0.038 899	0.017 125	0.030 300
2016	0.031 260	0.039 680	0.014 775	0.034 922
2017	0.034 396	0.035 197	0.017 995	0.033 063
2018	0.032 813	0.040 498	0.022 049	0.035 003
2019	0.036 171	0.039 746	0.019 689	0.037 764
2020	0.035 848	0.040 252	0.019 718	0.038 024

2012—2020年，安徽省、江苏省、上海市和浙江省的绿色发展水平都在波浪式上升，其中江苏省的绿色发展综合得分更高。安徽省2012—2020年总体呈现上升趋势，但在2015年、2020年有所回落；江苏省2012—2020年趋势发展不稳定，期间有上升、有回落，但总体保持上升；上海市在2018年绿色发展综合得分最高，2012—2015年保持持续上升水平，2019年和2020年绿色发展水平较相近；浙江省在2017年和2019年有所回落，其余时间一直保持上升趋势。

8.5.2 综合分析

在实证分析中，首先进行描述性统计和 Hausman 检验，之后的实证分析主要有三步：第一步，不考虑内生性影响，采用回归模型检验绿色金融对长三角地区绿色发展的关系，第二步，采用有调节变量的模型进行进一步分析；第三步，采用滞后变量模型研究绿色金融与长三角地区绿色发展的关系，具体包括研究滞后一期绿色金融对绿色发展的影响。

1. 描述性统计

在进行回归分析之前先对数据进行描述性统计。在进行分析时，为利用 Stata 进行缩尾，去除异常值，并且对居民可支配收入、人均水资源量、单位 GDP 能耗进行对数化处理，使数据更加平稳，见表 95。

表 95　　描述性统计

VARIABLES	N	mean	sd	min	max
绿色发展指数	36	0.029 6	0.009 39	0.011 2	0.045 5
绿色金融指数	36	0.027 8	0.021 3	0.009 35	0.085 3
第二产业增加值占 GDP 比重	36	0.419	0.073 2	0.258	0.506
人均水资源量	36	6.535	0.992	4.761	7.879
单位 GDP 能耗	36	9.451	0.292	9.095	10.02
居民可支配收入	36	10.65	0.321	9.953	11.24
Number of code	4	4	4	4	4

由表 95 可知，长三角三省一市中绿色发展指数的平均得分为 0.0296，标准差为 0.00939，最大值为 0.0455，最小值为 0.0112，标准差小，数据平稳。绿色金融发展指数标准差为 0.0213，平均值为 0.0278，变量波动小。由于进行了对数化处理，四个控制变量的标准差较低，数据平稳，不存在极端值。

2. Hausman 检验

使用 Stata16.0 对面板数据进行 Hausman 检验。

若 u_{it} 与 x_{5it} 不相关,采用随机效应模型;若 u_{it} 与 x_{5it} 相关,采用固定效应模型。

检验结果 Prob>chi2=0.0055<0.05,拒绝原假设,应采用固定效应模型进行分析。

8.5.3 实证过程

1. 固定效应回归模型分析

第一,用固定效应模型检验绿色金融对长三角绿色发展的影响。为了有效避免数据的剧烈波动,尽量减少可能存在的异方差,对数据进行对数化处理,初始模型设置为:

$$\ln Y_{it}=a+a_1X_{1it}+a_2X_{2it}+a_3X_{3it}+a_4X_{4it}+a_5X_{5it}+u_{it} \quad (8-6)$$

其中,Y 为绿色发展指数,a 为常数项,u_{it} 为随机误差项,a_i 为各变量回归系数,$i=1,2,\cdots,5$。

运用 Stata16.0 中模型进行分析,观察解释变量的回归系数以及显著性水平,结果如表 96 所示。

表 96　　回归分析结果

VARIABLES	Coef.	t	p-value
绿色金融指数 X_5	0.083 349 1***	(0.78)	0.001
第二产业增加值占 GDP 比重 X_1	−.096 914 9***	(−6.71)	0.000
人均水资源量 X_2	−.000 158 8	(−0.05)	0.957
单位 GDP 能耗 X_3	−.023 214 4**	(−2.06)	0.047
居民可支配收入 X_4	0.016 151 5***	(6.67)	0.000
_cons	0.114 193 5	−0.92	0.366
N	36		

注:*** 为 $p<0.01$,** 为 $p<0.05$,* 为 $p<0.1$。

根据表 96,可以得到代表绿色金融指数的 X_5 与绿色发展指数 Y 有着正向的促进作用,系数为 0.083 3,且通过了 0.01 的显著性检验,即绿色金融指数每增加 1 单位,绿色发展指数便上升 0.083 3 个百分点,这说明绿色金融可以在一定程度上推动绿色发展，因此应充分发挥绿色金融的推动作用，合理利用资金，促进绿色发展的进步力度。

第二，第二产业增加值占 GDP 比重对绿色发展指数有负向的抑制作用。通过了 0.01 的显著性检验，作用系数为−0.096 9，说明第二产业增加值占 GDP 比重每增加 1 单位，绿色发展指数会降低 0.096 9 个百分点。第二产业在我国确实占据比重较大的产业，产业机构也决定着能源消耗结构，第二产业由于其企业能源的利用率较低，会产生大量的工业污染。因此从能源消耗角度来看，第二产业增加值占 GDP 比重增大会抑制绿色发展。

第三，从自然资源角度看，人均水资源量对绿色发展指数有正向的推动作用。系数为−0.000 159，说明人均水资源量每增加 1 单位，绿色发展指数就能降低 0.000 159 个百分点，但是人均水资源量未通过显著性检验。人均水资源量提升说明每个人需要的水资源量上升，即水资源需求量变大，这会减少自然水资源，加剧水资源的匮乏，从而导致绿色发展的水平下降。但同时人均水资源量的系数较低，且未通过显著性检验，这说明人均水资源量对绿色发展指数的影响有限，且绿色发展更侧重非自然状态的衡量，造成了人均水资源量对绿色发展指数的影响未通过显著性检验。

第四，在资源利用水平方面，单位 GDP 能耗对绿色发展指数有负向的促进作用。系数为−0.023 2，且通过了 0.05 的显著性水平检验，这说明单位 GDP 能耗每上升 1 个百分点，绿色发展指数下降 0.0232 单位。单位 GDP 能耗表示每 1 单位 GDP 的产生需要的能源消耗，代表着资源利用水平的高低。每单位 GDP 需要的能耗越高对环境发展、绿色发展越不利，因此长三角三省一市应该注重环保产业的发展，提升 GDP 的同时，关注单位 GDP 能耗，进一步提升资源利用率。

第五，居民可支配收入对绿色发展指数有正向的促进作用。系数为 0.0162，通过了 0.01 的显著性检验，说明居民可支配收入每增加 1 单位，绿色发展指数就增加 0.0162 个百分点。居民可支配收入测度社会民生方面，而在绿色发展中要求的高质量发展同样包括了人民的生活质量，提升居民可支配收入保障居民经济基础能够有效提升居民精神追求，共同建造高质量城市，因此居民可支配收入与绿色发展指数具有正向的相关关系。

2. 带有调节变量的固定效应模型

环境规制是指由于环境污染具有外部不经济性，政府通过制定相应政策与措施对厂商等的经济活动进行调节，以达到保护环境和经济发展相协调的目标，具体包括工业污染防治和城市环境保护。为了研究环境规制对绿色金融对于长三角地区绿色发展的影响的调节作用，将在初始模型中将其他影响因素作为控制变量，将环境规制作为调节变量，将衡量环境规制指数和绿色金融发展指数 X_5 的乘积项作为交乘项引入模型中。因此，模型可进一步拓展为：

$$\ln Y_{it}=a+a_1X_{1it}+a_2X_{2it}+a_2X_{3it}+a_4X_{4it}+a_5X_{5it}+a_{56}X_{5it}\times X_{6it}+u_{it} \tag{8—7}$$

式中，Y 为绿色发展指数，a 为常数项，$X_5\times X_6$ 表示绿色金融发展指标与环境规制的交乘项，u_{it} 为随机误差项，a 为各变量回归系数，a_{56} 为 $X_5\times X_6$ 交乘项偏回归系数，$i=1,2,\cdots,5$。

采用环境规制作为调节变量的结果分析，如表 97 所示。

表 97　　调节变量分析结果

VARIABLES	Coef.	t	p-value
绿色金融指数 X_5	0.581**	2.81	0.010
第二产业增加值占 GDP 比重 X_1	0.127**	0.39	0.038
人均水资源量 X_2	0.082**	1.02	0.032
单位 GDP 能耗 X_3	−0.865	−1.37	0.186
居民可支配收入 X_4	0.115*	1.89	0.072
$X_5\times X_6$	0.106***	3.59	0.002
Observations	32		
Number of code	4		
R^2	0.818		
F	16.53		

注：*** 为 $p<0.01$，** 为 $p<0.05$，* 为 $p<0.1$。

表 97 中,F 值显著,模型拟合度良好,加入环境规制作为调节变量的回归系数为 0.106,通过 0.01 的显著性检验,代表环境规制每增加 1 单位,绿色发展指数会增加 0.106 单位,说明加强环境污染治理投资等环境规制行为能够推动绿色金融对绿色发展的支持作用。在控制变量方面,回归结果的符号与没有调节变量的模型的结果基本一致。

3. 滞后变量分析

采用滞后变量回归能够在一定程度上消除绿色金融与绿色发展之间内生性的问题,考虑到绿色金融对绿色发展的影响可能存在滞后效应,所以采用 OLS 方法检验滞后一期绿色金融对长三角地区绿色发展的影响。建立回归模型在模型中,采用绿色发展的滞后一期变量,模型如下:

$$\ln Y_{it(t-1)} = a + a_1 X_{1it} + a_2 X_{2it} + a_3 X_{3it} + a_4 X_{4it} + a_5 X_{5it} + u_{it} \quad (8-8)$$

其分析结果如表 98 所示。

表 98　　滞后变量回归分析结果

VARIABLES	Coef.	t	p-value
绿色金融指数 X_5	0.490 103 5***	4.88	0.000
第二产业增加值占 GDP 比重 X_1	−0.115 936 9***	−7.09	0.000
人均水资源量 X_2	−0.005 949 1***	−5.79	0.000
单位 GDP 能耗 X_3	−0.027 698 9***	−4.10	0.000
居民可支配收入 X_4	0.001 888 7	0.20	0.841
Observations	36		
Number of code	4		
R^2	0.581		
F	5.263		

注:*** 为 $p<0.01$,** 为 $p<0.05$,* 为 $p<0.1$。

表 98 中,F 值显著,方程拟合度良好,采用滞后一期的绿色金融指数进行分析对绿色发展指数的影响能够在一定程度上解决内生性问题,并且由于可能存在的滞后效应,采用滞后变量可以在一定程度上解决滞后效应的问题。结果显示,

滞后一期的绿色金融指数对当期的绿色发展指数在 0.01 水平上显著，系数为 0.490，这说明滞后一期绿色金融指数对绿色发展有显著的促进作用。

8.6 稳健性检验

8.6.1 分地区检验

分地区检验结果如表 99 所示。

表 99　分地区检验结果

VARIABLES	Coef.	t	p-value
1. *code*（上海）	0.042***	4.34	0.000
2. *code*（江苏）	0.051***	5.24	0.000
3. *code*（浙江）	0.038***	7.68	0.000
4. *code*（安徽）	0.038***	5.85	0.000
Observations	32		
F	43.71		

注：*** 为 $p<0.01$，** 为 $p<0.05$，* 为 $p<0.1$。

在分地区检验中，F 值显著，拟合度良好，四个城市的绿色金融与绿色发展指数均呈现显著的相关关系，通过 0.01 的显著性水平，说明在长三角城市中绿色金融指数能够显著地推动绿色发展指数的提高。

为了使实证分析结果及分析更具有可信性，采取改变计量方法的形式进行稳健性检验。在稳健性检验中采取混合回归模型对模型进行检验，结果如表 100 所示。

表 100　混合回归模型结果

VARIABLES	Coef.	t	p-value
绿色金融指数 X_5	0.490***	2.74	0.006

续表

VARIABLES	Coef.	t	p-value
第二产业增加值占 GDP 比重 X_1	0.391**	1.19	0.032
人均水资源量 X_2	0.103**	0.58	0.041
单位 GDP 能耗 X_3	−0.953*	−1.40	0.067
居民可支配收入 X_4	0.156*	1.95	0.051

注：*** 为 $p<0.01$，** 为 $p<0.05$，* 为 $p<0.1$。

表 100 中，控制变量方面的回归结果及回归系数符号与上述分析结果基本一致，说明回归结果比较稳健。绿色金融指数的回归结果在 0.01 水平上显著，系数为 0.490，说明绿色金融指数对绿色发展指数有正向的促进作用。因此，通过变化计量方法得到的结果与前文一致，这说明前文的实证结果较为稳健。综上所述，通过稳健性检验，进一步验证前面的实证回归结果以及分析，即绿色金融指数能够促进绿色发展指数的增加。

8.7 结论与建议

通过绿色经济增长度、资源环境承载力、政府支持力度三个角度构建长三角地区绿色发展指标体系，对其原始数据使用熵值法进行处理得到长三角地区绿色发展指数，同样使用熵值法对绿色金融数据进行处理，得到 2012—2020 年长三角地区绿色金融和绿色发展的总体趋势。总的来说，长三角地区 2012—2020 年绿色金融和绿色发展均得到长足发展。

通过熵值法得到的长三角地区绿色金融指数和长三角地区绿色发展指数，再利用 Stata 中固定效应模型进行回归分析，得到如下结论：长三角地区绿色金融对绿色发展有正向的促进作用，作用显著；在控制变量中，第二产业增加值占 GDP 比重对绿色发展指数有负向的抑制作用，作用显著；人均水资源量对绿色发展指数有负向的推动作用；单位 GDP 能耗对绿色发展指数有负向的促进作用，作用显著;居民可支配收入对绿色发展指数有正向的促进作用,作用显著。因此,调整产业结构,保护自然资源,提高资源利用率,提高人民生活水平可以提高绿色发展的水平。

由此,提出相关建议。

第一,加大绿色金融投入与使用力度。首先,绿色信贷是我国发展绿色金融的重要工具,在绿色信贷方面应该积极强化贷款贴息政策,提高财政贴息的应用,提高财政贴息率,另外建立灵活的财政贴息政策。其次,扩大绿色债券比重,由于绿色产业的融资期限长、规模大,因此绿色债券更适合绿色产业的融资。可以提高绿色债券产品和工具的多样性,对绿色债券发行人进行尽职调查,积极推动绿色 IPO,这样推动绿色债券的发展。最后,提高绿色保险投保率,这能够有效应对突发性环境问题,对参与环境污染责任保险做强制性规定,严格对企业的污染环境行为作出惩罚,建立专业的环境风险评价机制和污染损失标准。

第二,进一步发展绿色产业,发展绿色科技创新体系。应进一步发挥长三角一体化的优势,加强长三角城市一体化,融合人才资源,努力提高绿色金融专业人才的数量与质量。可以积极探索长三角地区绿色金融的创新服务模式,加强对环保企业的支持。发展绿色科技创新体系能够更有效地推动绿色发展,对发展动能新转换有至关重要的作用。政府也应当在绿色研发和创新方面给予企业支持,引进高质量的金融人才,创建良好秩序的研发共享平台。

第三,进一步发展具有先进特点的绿色金融体系提升绿色金融一体化程度。一方面,坚持中国特色社会主义的领导和中国特色的市场体系与国际绿色金融靠近,脚踏实地结合长三角地区的实际情况,建立依托长三角地区的绿色金融数据信息平台实现资源共享。另一方面,降低长三角地区空间差异所导致的绿色发展不平衡,建立统一的绿色发展评价标准,发挥政府的推动作用,加强长三角地区的标杆作用,推动长三角地区高质量发展。

参考文献

[1]王玲玲，张艳国."绿色发展"内涵探微[J].社会主义研究，2012(5)：143－146.

[2]胡鞍钢，周绍杰.绿色发展：功能界定、机制分析与发展战略[J].中国人口·资源与环境，2014，24(1)：14－20.

[3]杨解君.当代中国发展道路及其推进方式的转变：绿色发展理念的法治化[J].南京社会科学，2016(10)：88－95.

[4]郑海友，蒋锦洪.论实现"绿色发展"的四大支撑[J].求实，2016(10)：54－61.

[5]孟丽君.我国绿色发展效率影响因素探究及情景预测[J].合作经济与科技，2021(13)：26－27.

[6]高赢.中国八大综合经济区绿色发展绩效及其影响因素研究[J].数量经济技术经济研究，2019，36(9)：3－23.

[7]周亮，车磊，周成虎.中国城市绿色发展效率时空演变特征及影响因素[J].地理学报，2019，74(10)：2027－2044.

[8]吴传清，宋筱筱.长江经济带城市绿色发展影响因素及效率评估[J].学习与实践，2018(4)：5－13.

[9]韩晶，陈曦.长江经济带沿线城市绿色发展水平时空演变特征[J].华东经济管理，2021，35(1)：24－34.

[10]李爽，周天凯，樊琳梓.长江经济带城市绿色发展及影响因素分析[J].统计与决策，2019，35(15)：121－125.

[11]郭沛源.金融可持续发展与银行业[J].世界环境，2005(6)：92－93.

[12]雷婷婷，杨喜光，李毓倩.我国金融业可持续发展指标体系构建与评价[J].统计与决策，2012(14)：72－73.

[13]曾学文,刘永强,满明俊,沈启浪.中国绿色金融发展程度的测度分析[J].中国延安干部学院学报,2014,7(6):112－121＋105.

[14]刘蕴喆.中国省域碳金融发展水平及影响因素的分析与路径[J].经济问题探索,2014(7):118－123.

[15]杨阳,王国松.绿色金融发展水平测度:以上海为例[J].海南金融,2017(4):20－26.

[16]乔琴,樊杰,孙勇,宋邱惠."一带一路"沿线省域绿色金融测度及影响因素研究[J].工业技术经济,2021,40(7):120－126.

[17]李楠博,高晨磊,臧云特.绿色技术创新、环境规制与绿色金融的耦合协调机制研究[J].科学管理研究,2021,39(2):100－108.

[18]田泽,魏翔宇,丁绪辉.中国区域产业绿色发展指数评价及影响因素分析[J].生态经济,2018,34(11):103－108.

[19]汪凌志.长三角地区绿色发展水平评价及比较分析[J].湖北理工学院学报(人文社会科学版),2021,38(1):47－52.

[20]中国工商银行与清华大学"绿色带路"项目联合课题组.推动绿色"一带一路"发展的绿色金融政策研究[J].金融论坛,2019,24(6):3－17＋53.

[21]刘霞,何鹏.绿色金融在中部地区经济发展中的影响效应研究[J].工业技术经济,2019,38(3):76－84.

[22]张莉莉,肖黎明,高军峰.中国绿色金融发展水平与效率的测度及比较:基于1040家公众公司的微观数据[J].中国科技论坛,2018(9):100－112＋120.

[23]王凤荣,王康仕."绿色"政策与绿色金融配置效率:基于中国制造业上市公司的实证研究[J].财经科学,2018(5):1－14.

[24]李晓西.绿色金融盈利性与公益性关系分析[J].金融论坛,2017,22(5):3－11.

[25]王遥,潘冬阳,张笑.绿色金融对中国经济发展的贡献研究[J].经济社会体制比较,2016(6):33－42.

[26]国务院发展研究中心"绿化中国金融体系"课题组,张承惠,谢孟哲,田辉,王刚.发展中国绿色金融的逻辑与框架[J].金融论坛,2016,21(2):17－28.

[27]西南财经大学发展研究院,环保部环境与经济政策研究中心课题组,李晓西,夏光,蔡宁.绿色金融与可持续发展[J].金融论坛,2015,20(10):30－40.

[28]麦均洪,徐枫.基于联合分析的我国绿色金融影响因素研究[J].宏观经济研究,2015(5):23

—37.

[29]马骏.论构建中国绿色金融体系[J].金融论坛,2015,20(5):18—27.

[30]胡梅梅,邓超,唐莹.绿色金融支持“两型”产业发展研究[J].经济地理,2014,34(11):107—111.

[31]徐义国.绿色金融的动力机制与发展逻辑[J].银行家,2018(5):66—68.

[32]袁祥飞,于晓龙,邱英杰.绿色金融支持绿色发展动因及其机制研究[J].海南金融,2018(9):19—23.

[33]顾剑华,王亚倩.产业结构变迁对区域高质量绿色发展的影响及其空间溢出效应:基于我国省域面板数据的实证研究[J].西南大学学报(自然科学版),2021,43(8):116—128.

[34]齐绍洲,张振源.碳金融对可再生能源技术创新的异质性影响:基于欧盟碳市场的实证研究[J].国际金融研究,2019(5):13—23.

[35]赵昕,朱连磊,丁黎黎.碳金融市场发展的演化博弈均衡及其影响因素分析[J].中央财经大学学报,2018(3):76—86.

[36]高令.碳金融交易风险形成的原因与管控研究:以欧盟为例[J].宏观经济研究,2018(2):104—111+125.

[37]王婷婷,张亚利,王淼晗.中国碳金融市场风险度量研究[J].金融论坛,2016,21(9):57—68.

[38]王遥,王文涛.碳金融市场的风险识别和监管体系设计[J].中国人口·资源与环境,2014,24(3):25—31.

[39]韩国文,陆菊春.碳金融研究及其评价[J].武汉大学学报(哲学社会科学版),2014,67(2):87—93.

[40]White Joshua T,et al. Appointments of Academic Directors[J]. Journal of Corporate Finance,2014(28):135—151.

[41]郭玉冰,乔嘉元,郭好.高管学术经历对企业社会责任履行的影响:基于烙印理论的机制研究[J].中国人力资源开发,2021,38(5):84—100.

[42]周楷唐,麻志明,吴联生.高管学术经历与公司债务融资成本[J].经济研究,2017(7).

[43]苑泽明,宁金辉,金宇.高管学术经历对环保投资的影响[J].财会月刊,2019(14):12—20.

[44]张明龙.市场化进程中绿色投资对经济高质量发展的空间效应研究:基于空间杜宾模型的实证分析[J].贵州财经大学学报,2020(4):89—100.

[45]赵莉,张玲. 媒体关注对企业绿色技术创新的影响:市场化水平的调节作用[J]. 管理评论,2020,32(9):132－141.

[46]靳庆鲁,孟庆峰,王艳艳,吴育辉,顾远东,吴刚. 互联网时代和中国制度下的会计审计与公司财务研究[J]. 中国科学基金,2017,31(3):287－296.

[47]靳庆鲁,宣扬. 我国产业政策的制度发展与实证发现:基于企业财务行为视角的研究展望[J]. 财务研究,2019(1):20－28.

[48]饶品贵,陈冬华,姜国华,陆正飞. 深化宏观经济政策与微观企业行为的互动关系研究:"第四届宏观经济政策与微观企业行为学术研讨会"综述[J]. 经济研究,2016,51(2):186－190.

[49]李彬,潘爱玲. 税收诱导、战略异质性与公司并购[J]. 南开管理评论,2015,18(6):125－135.

[50]徐雨婧,胡珺. 货币政策、管理者过度自信与并购绩效[J]. 当代财经,2019(7):85－95.

[51]Li Bin,Xu Lei,McIver Ron,Wu Qian,Pan Ailing. Green M&A,legitimacy and risk-taking: evidence from China's heavy polluters[J]. Accounting and Finance,2020,60(1):97－127.

[52]蔡庆丰,田霖. 产业政策与企业跨行业并购:市场导向还是政策套利[J]. 中国工业经济,2019(1):81－99.

[53]Gomes Mathieu. Does CSR Influence M&A Target Choices? [J]. Finance Research Letters,2018(30):153－159.

[54]Arouri Mohamed,Gomes Mathieu,Pukthuanthong Kuntara. Corporate Social Responsibility and M&A Uncertainty[J]. Journal of Corporate Finance,2019(56):176－198.

[55]Deng Xin,Kang Jun-koo,Low Buen Sin. Corporate Social Responsibility and Stakeholder Value Maximization: Evidence from Mergers[J]. Journal of Financial Economics,2013,110(1):87－109.

[56]王爱国,刘洋. 政府绿色政策与低碳企业投资行为的相关性研究[J]. 东岳论丛,2019,40(7):127－139.

[57]Sohn So Young,Jeon,Jeasu,Han,Eun Jin. A New Cost of Ownership Model for the Acquisition of Technology Complying with Environmental Regulations[J]. Journal of Cleaner Production,2015(100):269－277.

[58]张小筠,刘戒骄. 新中国 70 年环境规制政策变迁与取向观察[J]. 改革,2019(10):16－25.

[59]李晓萍,张亿军,江飞涛. 绿色产业政策:理论演进与中国实践[J]. 财经研究,2019,45(8):4

—27.

[60]Espa Ilaria. New Features of Green Industrial Policy and the Limits of WTO Rules: What Options for the Twenty-first Century? [J]. Journal of World Ttade,2019,53(6):979—1000.

[61]Kemp Rene, Never Babette. Green transition, industrial policy, and economic development [J]. Oxford Review of Economic Policy,2017,33(1):66—84.

[62]王建新,王涛,龙鸣. 绿色信贷提升重污染企业并购绩效了吗:来自中国上市公司的经验证据[J]. 广东财经大学学报,2021,36(1):85—97.

[63]蔡海静,汪祥耀,谭超. 绿色信贷政策、企业新增银行借款与环保效应[J]. 会计研究,2019(3):88—95.

[64]苏冬蔚,连莉莉. 绿色信贷是否影响重污染企业的投融资行为? [J]. 金融研究,2018(12):123—137.

[65]邱金龙,潘爱玲,张国珍. 正式环境规制、非正式环境规制与重污染企业绿色并购[J]. 广东社会科学,2018(2):51—59.

[66]黄维娜,袁天荣. 实质性转型升级还是策略性政策套利:绿色产业政策对工业企业绿色并购的影响[J]. 山西财经大学学报,2021,43(3):56—67.

[67]王瑞玲,陈印军. 我国"三废"排放的库兹涅茨曲线特征及其成因的灰色关联度分析[J]. 中国人口·资源与环境,2005(2):42—47.

[68]杨柳,罗文倩,邓春林,肖婧嫣. 基于灰色关联分析的舆情分级与预警模型研究[J]. 情报科学,2020,38(8):28—34.

[69]朱冰.《劳动合同法》和公司并购绩效:基于双重差分模型的实证检验[J]. 会计研究,2020(6):108—133.

[70]潘爱玲,刘昕,吴倩. 跨所有制并购、制度环境与民营企业债务融资成本[J]. 会计研究,2019(5):3—10.

[71]曾庆生,陈信元. 国家控股、超额雇员与劳动力成本[J]. 经济研究,2006(5):74—86.

[72]沈洪涛,王立彦,万拓. 社会责任报告及鉴证能否传递有效信号:基于企业声誉理论的分析[J]. 审计研究,2011(4):87—93.

[73]沈洪涛,廖菁华. 会计与生态文明制度建设[J]. 会计研究,2014(7):12—17+96.

[74]宋献中,胡珺,李四海. 社会责任信息披露与股价崩盘风险:基于信息效应与声誉保险效应的路径分析[J]. 金融研究,2017(4):161—175.

[75]黄荷暑，周泽将. 社会责任信息自愿披露、CEO 权力与会计盈余质量：基于倾向得分匹配法(PSM)的分析[J]. 北京工商大学学报(社会科学版)，2017，32(3)：65－75.

[76]HE S W，KILGOUR D M，HIPEL K W. A General Hierarchical Graph Model for Conflict Resolution with Application to Greenhouse Gas Emission Disputes Between USA and China[J]. European Journal of Operational Research，2017，257(3)：919－932.

[77]孙毅，景普秋. 资源型区域绿色转型模式及其路径研究[J]. 中国软科学，2012(12)：152－161.

[78]Orsato R J. Competitive environmental strategies：When does it pay to be green? [J]. California Management Review，2006，48(2)：127－143.

[79]叶青，李增泉，李光青. 富豪榜会影响企业会计信息质量吗：基于政治成本视角的考察[J]. 管理世界，2012(1)：104－120.

[80]刘运国，刘梦宁. 雾霾影响了重污染企业的盈余管理吗：基于政治成本假说的考察[J]. 会计研究，2015(3)：26－33＋94.

[81]潘爱玲，刘昕，邱金龙，申宇. 媒体压力下的绿色并购能否促使重污染企业实现实质性转型[J]. 中国工业经济，2019(2)：174－192.

[82]Arikan，Asli M，René M Stulz. Corporate Acquisitions，Diversification，and the Firm's Life Cycle[J]. The Journal of Finance，2016，71(1)：139－194.

[83]杨威，赵仲匡，宋敏. 多元化并购溢价与企业转型[J]. 金融研究，2019(5)：115－131.

[84]刘笑萍，黄晓薇，郭红玉. 产业周期、并购类型与并购绩效的实证研究[J]. 金融研究，2009(3)：135－153.

[85]申香华，郑智予，邱佩佩，刘晗. 财政补贴与重污染行业环保投资研究[J]. 决策探索(下)，2021(1)：45－46.

[86]崔也光，鹿瑶，王肇. 财政补贴对企业无形资产投资策略的影响：基于自主研发与外购视角的实证检验[J]. 财政研究，2020(12)：49－61.

[87]王艳丽，杨帆. 政策冲击下的新能源企业投资效率研究：基于财政补贴与税收优惠比较的视角[J]. 煤炭经济研究，2019，39(10)：30－40.

[88]李万福，杜静，张怀. 创新补助究竟有没有激励企业创新自主投资：来自中国上市公司的新证据[J]. 金融研究，2017(10)：130－145.

[89]杨飞. 环境税、环境补贴与清洁技术创新：理论与经验[J]. 财经论丛，2017(8)：19－27.

［90］张中华，杜丹. 政府补贴提高了战略性新兴产业的企业投资效率吗：基于我国 A 股上市公司的经验证据［J］. 投资研究，2014，33（11）：16－25.

［91］石光，周黎安，郑世林，张友国. 环境补贴与污染治理：基于电力行业的实证研究［J］. 经济学（季刊），2016，15（4）：1439－1462.

［92］王克敏，刘静，李晓溪. 产业政策、政府支持与公司投资效率研究［J］. 管理世界，2017（3）：113－124＋145＋188.

［93］Cerqua A，Pellegrini G. Do Subsidies to Private Capital Boost Firms' Growth? a Multiple Regression Discontinuity Design Approach［J］. Journal of Public Economics，2014，109（1）：114－126.

［94］卢洪友，邓谭琴，余锦亮. 财政补贴能促进企业的"绿化"吗：基于中国重污染上市公司的研究［J］. 经济管理，2019，41（4）：5－22.

［95］Auerbach Alan J，Hassett Kevin. Tax policy and business fixed investment in the United States［J］. 1992，47（2）：141－170.

［96］Robert S. Chirinko，Steven M. Fazzari，Andrew P. Meyer. How responsive is business capital formation to its user cost? ［J］. 1999，74（1）：53－80.

［97］R. Vergara. Taxation and private investment：evidence for Chile［J］. 2010，42（6）：717－725.

［98］Grubert H，Mutti J. Taxes，Tariffs and Transfer Pricing in Multinational Corporate Decision Making［J］. The Review of Economics and Statistics，1991，（13）：285－293.

［99］秦昌波，王金南，葛察忠，高树婷，刘倩倩. 征收环境税对经济和污染排放的影响［J］. 中国人口·资源与环境，2015，25（1）：17－23.

［100］毕茜，于连超. 环境税的企业绿色投资效应研究：基于面板分位数回归的实证研究［J］. 中国人口·资源与环境，2016，26（3）：76－82.

［101］姚涛，陈六新，刘倩倩. 西部发展、私人投资与税收激励制度［J］. 改革与战略，2010，26（4）：80－82＋111.

［102］行伟波. 税收激励、资本价格与投资行为：基于中国省级面板数据的实证分析［J］. 世界经济文汇，2012（4）：105－120.

［103］毛德凤，彭飞，刘华. 税收激励对企业投资增长与投资结构偏向的影响［J］. 经济学动态，2016（7）：75－87.

［104］向景，魏升民. 供给侧结构性改革对中小微企业税费负担的影响分析：来自广东省的问卷调查［J］. 税务研究，2017（5）：72－77.

[105]林旭，苏宏通，朱凯，陈信元. 税负抑制了公司投资吗：基于国有股权私有收益的解释[J]. 财经研究，2018，44(3)：45－55.

[106]刘啟仁，赵灿，黄建忠. 税收优惠、供给侧改革与企业投资[J]. 管理世界，2019，35(1)：78－96＋114.

[107]Zhang Bin，Yang Yong，Bi Jun. Tracking the implementation of green credit policy in China：Top-down 1perspective and bottom-up reform [J]. Journal of environmental management，2011，92(4)：1321－1327.

[108]陈伟光，胡当. 绿色信贷对产业升级的作用机理与效应分析[J]. 江西财经大学学报，2011(4).

[109]中国人民银行常州市中心支行调查统计科课题组. 对落实绿色信贷政策引导产业转型升级效果的实证分析：以江苏省常州市为例[J]. 金融纵横，2013(6).

[110]周红英. 关于在产业结构调整中做好绿色信贷的思考[J]. 经济师，2014(9).

[111]刘婧宇，夏炎，林师模，吴洁，范英. 基于金融 CGE 模型的中国绿色信贷政策短中长期影响分析[J]. 中国管理科学，2015，23(4)：46－52.

[112]Anderson J. Environmental finance[A]//Ramiah V，Gregoriou G N. Handbook of environmental and sustainable finance[M]. Amsterdam：Elsevier Inc，2016.

[113]丁志刚，许惠玮，徐琪. 绿色信贷支持下供应链低碳技术采纳决策研究[J]. 软科学：1－13

[114]朱朝晖，谭雅妃. 契约监管与重污染企业投资效率：基于《绿色信贷指引》的准自然实验[J]. 华东经济管理，2020，34(10)：74－86.

[115]苏冬蔚，连莉莉. 绿色信贷是否影响重污染企业的投融资行为？[J]. 金融研究，2018(12)：123－137.

[116]丁杰. 绿色信贷政策、信贷资源配置与企业策略性反应[J]. 经济评论，2019(4)：62－75.

[117]马妍妍，俞毛毛. 出口企业更“绿色”吗：基于上市公司绿色投资行为的分析[J]. 经济经纬，2020，37(3)：71－80.

[118]王凤荣，王康仕. “绿色”政策与绿色金融配置效率：基于中国制造业上市公司的实证研究[J]. 财经科学，2018(5)：1－14.

[119]魏玮，曹景林. 产业升级视角下绿色信贷与环保财政政策协同效应研究[J]. 科技进步与对策，2019，36(12)：21－27.

[120]Kahn A J. Studies in social policy and planning[J]. American Journal of Sociology，1970，

227(3):680—685.

[121]张嫚.环境规制约束下的企业行为[M].北京:经济科学出版社,2006.

[122]彭海珍,任荣明.环境政策工具与企业竞争优势[J].中国工业经济,2003(7):75—82.

[123]张弛,任剑婷.基于环境规制的我国对外贸易发展策略选择[J].生态经济,2005(10):169—171.

[124]Richard D,Morgenstern,et al. Jobs Versus the Environment: An Industry-Level Perspective[J]. Journal of Environmental Economics and Management,2002,43(3):412—436.

[125]Grossman G,A Krueger. Environmental impacts of a North American Free Trade Agreement [J]. Journal of Environmental Economics and Management,1998(4):50—66.

[126]Arik,Levinson. Environmental regulations and manufacturers′ location choices: Evidence from the Census of Manufactures[J]. Journal of Public Economics,1996,62(2):5—29.

[127]Pearce D,Palmer C. Public and private spending for environmental protection: a cross-country policy analysis[J]. Fiscal Studies,2001,22(4):403—456.

[128]Gray W B. Manufacturing Plant Location: Does State Pollution Regulation Matter? [J]. Working Papers,2001.

[129]张成,陆旸,郭路,于同申.环境规制强度和生产技术进步[J].经济研究,2011,46(2):113—124.

[130]赵红.环境规制对中国产业技术创新的影响[J].经济管理,2007(21):57—61.

[131]马歆,薛天天,WAQAS ALI,王继东.环境规制约束下区域创新对碳压力水平的影响研究[J].管理学报,2019,16(1):85—95.

[132]陈东,陈爱贞.GVC嵌入、政治关联与环保投资:来自中国民营企业的证据[J].山西财经大学学报,2018,40(2):69—83.

[133]赵丽娟,张玉喜,潘方卉.政府R&D投入、环境规制与农业科技创新效率[J].科研管理,2019,40(2):76—85.

[134]刘帅,杨刚强.环境规制竞争与污染治理[J].首都经济贸易大学学报,2019,21(2):72—81.

[135]Kolstad C D,Xing Y. Do Lax Environmental Regulations Attract Foreign Investment? [J]. University of California at Santa Barbara,Economics Working Paper Series,1998,21(1):1—22.

[136]M Greenstone. The Impacts of Environmental Regulations on Industrial Activity: Evidence

from the 1970 and 1977 Clean Air Act Amendments and the Census of Manufactures[J]. Journal of Political Economy,2002,110(6):1175—1219.

[137]Javorcik,Beata Smarzynska,Wei,Shang-Jin. Pollution Havens and Foreign Direct Investment: Dirty Secret or Popular Myth? [J]. Contributions in Economic Analysis & Policy,2004,3(2).

[138]张中元,赵国庆. FDI、环境规制与技术进步:基于中国省级数据的实证分析[J]. 数量经济技术经济研究,2012,29(4):19—32.

[139]傅京燕,李丽莎. 环境规制、要素禀赋与产业国际竞争力的实证研究:基于中国制造业的面板数据[J]. 管理世界,2010(10):87—98+187.

[140]陈德敏,张瑞. 环境规制对中国全要素能源效率的影响:基于省际面板数据的实证检验[J]. 经济科学,2012(4):49—65.

[141]原毅军,谢荣辉. 环境规制的产业结构调整效应研究:基于中国省际面板数据的实证检验[J]. 中国工业经济,2014(8):57—69.

[142]孔海涛,于庆瑞,张小鹿. 环境规制、经济集聚与城市生产率[J]. 经济问题探索,2019(1):75—87.

[143]游达明,张杨,袁宝龙. 财政分权与晋升激励下环境规制对产业结构升级的影响[J]. 吉首大学学报(社会科学版),2019,40(2):21—32.

[144]Becker R ,Henderson V. Effects of Air Quality Regulations on Polluting Industries[J]. Journal of Political Economy,2000,108(2):379—421.

[145]Kahn M E ,Mansur E T. Do local energy prices and regulation affect the geographic concentration of employment? [J]. Journal of Public Economics,2013,101(Complete):105—114.

[146]李树,陈刚. 环境管制与生产率增长:以 APPCL2000 的修订为例[J]. 经济研究,2013,48(1):17—31.

[147]Pagell M,F Wiengarten,B Fynes. Institutional Effects and the Decision to Make Environmental Investments[J]. International Journal of Production Research,2013,51(2):427—446.

[148]Ward H,X Cao,B Mukherjee. State Capacity and the Environmental Investment Gap in Authoritarian States[J]. Comparative Political Studies,2014,47(3): 309—343.

[149]Farzin Y H ,Kort P M. Pollution Abatement Investment When Environmental Regulation Is Uncertain[J]. Journal of Public Economic Theory,2000,2(2):183—212.

[150]Jaffe A B,Newell R G,Stavins R N. Chapter 11 Technological change and the environment

[J]. Handbook of Environmental Economics,2003,1.

[151]李科,徐龙炳. 融资约束、债务能力与公司业绩[J]. 经济研究,2011,46(5):61—73.

[152]Song Z,Zilibotti S F. Growing Like China[J]. The American Economic Review,2011,101(1):196—233.

[153]陈耿,刘星,辛清泉. 信贷歧视、金融发展与民营企业银行借款期限结构[J]. 会计研究,2015(4):40—46+95.

[154]Allen F,Qian J,Qian M. Law,finance,and economic growth in China[J]. Journal of Financial Economics,2005,77(1):57—116.

[155]方军雄. 所有制、制度环境与信贷资金配置[J]. 经济研究,2007(12):82—92.

[156]喻坤,李治国,张晓蓉,徐剑刚. 企业投资效率之谜:融资约束假说与货币政策冲击[J]. 经济研究,2014,49(5):106—120.

[157]邓可斌,曾海舰. 中国企业的融资约束:特征现象与成因检验[J]. 经济研究,2014,49(2):47—60+140.

[158]卢馨,郑阳飞,李建明. 融资约束对企业 R&D 投资的影响研究:来自中国高新技术上市公司的经验证据[J]. 会计研究,2013(5):51—58+96.

[159]Suchman M C. Managing Legitimacy: Strategic And Institutional Approaches. [J]. Academy of Management Review,1995,20(3):571—610.

图书在版编目(CIP)数据

绿色金融影响企业投资方向的情况报告/孙红梅等著．—上海：上海财经大学出版社，2022.7

ISBN 978-7-5642-3926-8/F·3926

Ⅰ.①绿…　Ⅱ.①孙…　Ⅲ.①金融业-绿色经济-研究报告-中国　Ⅳ.①F832

中国版本图书馆 CIP 数据核字(2021)第 270636 号

绿色金融影响企业投资方向的情况报告

著　作　者：孙红梅 等著

责任编辑：朱静怡

整体设计：JUN Studio

出版发行：上海财经大学出版社有限公司

地　　址：上海市中山北一路 369 号(邮编 200083)

网　　址：http://www.sufep.com

经　　销：全国新华书店

印刷装订：江苏凤凰数码印务有限公司

开　　本：787mm×1092mm　1/16

印　　张：14

字　　数：204 千字

版　　次：2022 年 7 月第 1 版

印　　次：2022 年 7 月第 1 次印刷

定　　价：78.00 元